소르본 대학

프랑스 지성의 산실

차례

Contents

파리와 파리 대학

도시와 '조합'의 산물

오늘날 대학을 상징하는 '유니버시티 university'는 원래 라틴어의 '유니베르시타스 universitas'에서 유래된 것이다. 처음에 그것은 길드나 자치도시에서 단순히 '다수·복수·사람들의 집합체' 또는 '합법단체·법인단체'를 의미했다. 이처럼 여러 단체에 적용되었던 유니베르시타스는 13세기 초에 이르러 '학생조합 또는 교수조합' 등의 뜻으로 사용되었다. 유니베르시타스는 사람들의 모임이나 가르치는 과목에 중점을 두었으므로 시설이나 장소보다는 '학문의 보편성'에 더 가까운 의미를 지니고 있었으며, '유니버시티'로 보편화된 것은 15세기 이후로 보인다.

한편 유니베르시타스는 스투디움 또는 '스투디움 제네랄레 studium generale'라고도 했는데, 이 말은 교황 이노켄티우스 4세가 1244년 로마에 로마 대학을 설립할 때 처음 언급했고, 최초의 기록으로는 1237년 베르첼리(Vercelli) 대학과 관계된 공문서에서 나타난다. 그리고 그 성격이 명시적으로 언급된 것은 카스티아 왕국의 알폰소 10세의 법령집이다. 교황의 칙서나 황제의 칙서로 인정된 이 스투디움 제네랄레에는 성직자에 대해 두 가지 특전이 있었다. 하나는 성직자가 대학에 진학하기 위해 근무지를 떠나도 성직록을 받을 수 있는 권리를 주는 것이었고, 다른 하나는 어느 곳에서도 시험을 치르지 않고 가르칠 수 있는 자격증을 받는 것이었다. 이러한 스투디움 제네랄레는 당시 장소로서의 대학을 가리키되, 모든 과목을 가르치는 장소가 아니라 모든 지역으로부터 학생들을 받아들이는 장소를 의미했으므로 오늘날 대학의 직계를 이루는 것이었다고 보아야 할 것 같다.

초기 대학들은 모두 중세 도시의 산물이었다. 그리고 왕이나 제후들에 의해 설립된 것이 아니고 거의 모두 자생적으로 발생했다. 세계 최초라는 이탈리아의 볼로냐 대학(1128. 11)과 살레르노 대학을 비롯해서 프랑스의 파리 대학, 영국의 옥스퍼드 대학과 케임브리지 대학이 모두 그러하다.

파리는 1100년경까지도 인구가 불과 1만 명밖에 되지 않았으며 다른 중소도시와 마찬가지로 왕이 순력(巡歷)하는 작은 도시에 불과했다. 따라서 파리는 샤르트르, 리옹, 랭스 같은 도시보다 교육 면에서의 명성은 두드러지지 못했다.[1] 파리는 정치와 상업의 중심지로 성장했던 카페 왕조 시대(987~1328)에 수도가 되었다.[2] 필리프 2세(r.1180~1223), 생 루이, 필리프 르 벨의 시대를 거치면서 파리는 프랑스뿐만 아니라 유럽의 문화적·정치적 중심지로 성장했다. 파리가 이처럼 대도시로 성장할 수 있었던 것은 첫째, 샹파뉴 시장의 발달과 연결된 센 강 교역의 활성화, 둘째, 왕의 파리 선호, 특히 필리프 2세가 자신의 출생지인 파리를 선호했던 것, 셋째, 교사들의 명성을 듣고 학생들이 각각의 나라에서 몰려들었기 때문이다.

사실 파리가 성장하는 결정적인 시기가 된 것은 루이 7세(r.1137~1180) 때였다. 그는 파리를 수도로 정하고 궁정의 행정부서를 설치했다. 그 후 필리프 2세에 의해 성벽이 조성되면서 상공인의 길드가 형성되고 인구가 3~5만 명으로 증가되면서 파리는 정치와 상업의 중심지로 성장했다.

이때 노트르담 성당의 건축을 시작했으며 대대적인 도시건설에 착수함과 동시에 레 알(Les Halles)과 같은 파리의 중앙시장을 개장했는데, 이와 더불어 대학도 설립되었다. 그 후 파리는 인구가 8만 정도 되는 자치도시로 성장하고 필리프 4세(r.1285~1314)가 파리에 체류하기를 선호함에 따라 파리가 프랑스의 수도로 결정되는 영광을 얻었다.[3] 이에 따라 고등교육기관의 증설이 자연적으로 요구되었다.

파리 지역 학교들의 형성된 분포와 그 특징을 보면 첫째, 주교 학교로 대표적인 것은 시테 섬 안에 있는 노트르담 성당학교였다. 둘째, 수도원 학교로 센 강 좌안에 위치해 있는 생트 즈네비에브, 생 빅토르, 생 제르맹 데 프레, 생 마글로와르 등이 대표적인 학교중심지였다. 이들은 수도원에서 운영하였으므로 다른 학교에 비해 폐쇄적이었다. 셋째, 사설학교들은 주로 노트르담 성당 좌안 쪽으로 넘어오는 다리와 생트 즈네비에브 언덕지역에 자리잡고 있었다.

학교의 설립이 증가된 이유는 첫째, 젊은이들에게서 '전쟁의 신보다는 지혜의 신 미네르바'를 더욱 사랑하는 풍조가 일어났고, 둘째, 학교는 사회진출에서 가장 필요한 자격을 주기 때문이었으며, 셋째, 카페 왕조의 루이 7세와 필리프 2세가 지식인들의 활동여하에 따라 왕조의 권위와 힘을 고양하고 결집시키는 주요한 재산이 될 수 있다는 것을 깨닫고 학문진흥 정책을 추진했기 때문이다. 따라서 파리는 당시 사람들에게 공부할 수 있는 곳, 토론할 수 있는 사람들이 많은 곳, 예술적 재기를 발휘할 수 있는 곳, 출세할 수 있는 곳으로 소문이 났다. 그래서 세계 각처의 다양한 풍습과 생활 방식을 가진 학생들이 야망을 가지고 파리로 몰려들었다.

학교는 학생들이 계속 밀려드는 데 대한 문제점을 해결하는 것이 급선무였다. 교수들은 개인적으로는 그것이 불가능하기 때문에 길드와 같은 '조직이나 조합'을 통해 해결하고자 했다. 그렇다고 이때의 교수들의 형편이 좋은 것은 결코 아니었다. 노트르담 성당학교 교수처럼 성직록을 받는 경우도 있었으나, 대부분의 교수들은 부유한 학생을 모으든지 아니면 운영이 잘되는 학교에 선발되어야 생계를 유지했다.

당시 파리에는 아벨라르(Abélard, 1079~1142), 롱바르, 프와티에, 티에리 등과 같이 이름난 교수들이 많았다. 그 중에도 낮은 귀족 출신으로 배움의 길을 택하여 파리에 왔던 아벨라르는 여러 면에서 이름이 알려져 있었다. 그는 다른 학생들처럼 훌륭한 교수를 찾아 헤매다가 1100년, 파리에서 가장 명성이 나 있던 샹포를 만났다. 그러나 아벨라르는 스승의 강의에 만족하지 못했다. 강의실에서 사제 간에 시작된 질의응답은 격렬한 토론으로 끝나기가 일쑤였고, 때로는 스승의 실력이 세인들로부터 의심받게 되는 사례까지 발생했다. 제자에게 밀리고 세상 사람들로부터 평가절하된 스승은 아벨라르가 파리에서 교수가 되도록 내버려 두지 않았다. 아벨라르는 스승을 피해 파리교구 남쪽 50마일 떨어진 믈랭에서 학교를 열었다.

한때 아벨라르는 안셀무스가 있는 라옹에서 학교를 세우려 했으나 뜻을 이루지 못하다가, 샹포가 1113년 샬롱 쉬르 마른의 주교가 되어 파리를 떠나자 파리에 돌아와 몽 생트 즈네비에브에 학교를 세웠다. 그 후 그가 그렇게 갈망하던 노트르담 성당학교 강단에 다시 돌아가자 잉글랜드, 브르타뉴, 앙제, 피카르디, 노르망디, 플랑드르, 독일, 스칸디나비아 등 세계 각처에서 학생들이 몰려들었다.

그러나 아벨라르는 17세의 소녀 엘로이즈와 사랑에 빠지고 말았다. 그녀는 학문적·학자적 자질을 갖추었지만 빗발치는 비난으로 임신한 채 아르장퇴유 수녀원에 피신했고 아벨라르는 이곳저곳으로 유랑하는 생활을 했다. 아벨라르는 1136년 파리의 몽 생트 즈네비에브에 다시 돌아와 몰려드는 학생들의 환호 속에서 강의를 하다가 1142년 4월21일 세상을 떴다.

모리스 배앙(Maurice Bayen)에 의하면, 아벨라르가 스승 기옴 드 샹포와 경쟁자로 성장하면서 시테섬을 떠나 센 강 좌안의 몽 생트 즈네비에브에 세운 학교가 곧 파리 대학의 기원이 되었다고 한다.[4]

파리 대학은 처음에는 학칙이나 조직을 갖추지 못한 단순한 교육집단이었고 학교는 대강의 시설만을 갖춘 학당에 불과했으며, 일종의 기숙학교인 콜레주 역시 복습교사가 되고자 하는 선생들이 돈을 받고 제공하는 숙소에 불과했다. 그러나 이러한 현상은 대학이 발생하는 초기 단계의 것이었고, 독일 남부나 이탈리아 북부를 제외하고 파리 대학은 점차 유럽 대학들의 모델이 되었다.[5]

파리 대학이 설립되자 교수와 학생들은 학문의 규율을 확립하고 시민, 관리, 주교에 대항하여 자신들의 이익을 지키기 위해 평화결사, 상조회 또는 도시의 동업조합과 비슷한 공동체를 조직했다. 프랑스에서 이러한 단체들은 1208년 이후 거의 모두 대학(Université)이라고 불리게 되었다.

콜레주로의 구성

콜레주(collège)들은 주로 13세기에 건립되어 15세기를 거쳐 발전했으며, 처음에는 학생들의 기숙시설이었다가 점차 교육기능을 가지게 되었다. 콜레주의 교육프로그램은 문법, 수사학, 철학 등으로 구성되었다. 콜레주에는 주로 11세 혹은 12세에서 18세 혹은 19세의 학생들이 다녔는데, 나이 차이가 많고 공부하는 기간도 길었으므로 호칭도 달랐다. 콜레주에서 가장 어린 학생은 '문법반 학생 grammarians', 15세나 16세 되는 학생은 '수사학반 학생 rhetoricians' 또는 '인문학반 학생 humanists', 그리고 가장 나이가 든 학생은 '철학반 학생 philosophers'이라고 불렀다.[6]

처음 파리 대학은 공공기관에 의해 설립된 '교수단 un corps de maîtres'을 지칭했다. 파리 대학은 삼학(trivium)이라 일컫는 문법, 수사학, 논리학과 더불어 사학(quadrium)이라 하여 산수, 기하, 음악, 천문 등 7개 과목으로 구성된 학예과목을 교육했다.[7] 그 후 철학과 자연과학이 추가되었다. 또한 파리 대학은 7개의 학과를 교육하는 하급학부인 '학예학부'와 신학부, 법학부, 의학부 등 3개의 '상급학부 faculté supérieure'로 구성되어 있었다.[8] 따라서 파리 대학의 학생들은 모두 콜레주로 입학을 하고, 교육도 '교양학부'인 콜레주에서 담당했다.

파리 대학은 1180년 콜레주 데 디스 위트를 비롯해서 콜레주 데 그라생(1565) 등 모두 44개의 콜레주들을 가지게 되었다.[9] 게다가 1661년 콜레주 드 마자랭(콜레주 데 카트르 나시옹)이 설립됨으로써 무려 45개의 콜레주들을 거느린 대규모의 대학이 되었다.

가장 먼저 설립된 콜레주 데 디스위트는 노트르담 사원에서 가까운 병원의 한 방을 호스피스(hospice), 즉 순례자나 참

배자를 위한 숙박소와 같은 형태로 사용하면서 시작되었다. 그것은 거의 교육 시설을 갖추지 못했었는데, 얼마 후 신앙심 깊은 한 기부자가 이 방을 구입하여 18명의 학생들을 수용할 수 있게 했다. 한편, 처음부터 파리 대학 소속은 아니었지만 콜레주들 중에서 가장 완벽한 것이 1256년에 설립된 콜레주 드 소르본이었다. 그것도 처음에는 단순히 가난한 학생들에게 숙소를 제공해주기 위한 것이었으나, 후일 성장하여 프랑스 신학의 자존심을 자랑하는 파리 대학의 신학부가 되었을 뿐만 아니라 파리 대학을 총칭하는 이름으로 불리게 되었다.

파리 대학의 콜레주들이 모두 엄격하게 중세적인 토대를 가지고 있었던 것은 아니지만, 1661년 마자랭 추기경에 의해 건립된 콜레주 드 마자랭을 제외한 모든 콜레주들이 오랜 기원을 가지고 있다. 그리고 거의 모든 콜레주가 라탱 지구에 밀집해 있었는데 콜레주 드 마자랭만이 센 강에서 반 마일 떨어진 곳에 위치해 있었다.

파리 대학의 콜레주들이 규모, 교과과정, 학생수 면에서 모두 균일한 것은 아니었다. 45개 콜레주들 중 10개의 콜레주만이 '전 과정 개설 콜레주'로 활발하게 운영되었는데, 카르디날 르모완(1302), 나바르(1304), 아르쿠르(1312), 플레시(1316), 리지외(1336), 라 마르슈(1362), 그라생(1569), 마자랭(카트르 나시옹), 루이 르 그랑(1761) 등이 그것이다. 파리 대학은 교양학부와 이들 콜레주들을 동일한 장소에 모아 대학제도의 일관성을 유지하려고 했다. 이러한 10개의 '전 과정 개설 콜레주'들은

1763년에서 1793년의 30년간 운영되었다.

　파리 대학 콜레주는 원래 탁발수도회의 수도원의 조직을 모델로 하여 시설이 비교적 검소하고 경건했다. 처음에는 영국의 옥스퍼드와 케임브리지의 콜레주들처럼 학생들의 기숙시설이었는데 주로 13세기에 건립되어 15세기를 거치며 교육의 기능을 가지게 되었으며, 대부분 '청소년 교육시설 또는 숙사 maisons d'education ou pensions'와 다를 바 없었다. 초창기 파리 대학의 학생들 중에는 각 지방에서 올라온 가난한 학생들이 많아, 자고 먹고 공부할 수 있는 방을 구하기가 여간 어렵지 않았다. 대학은 유랑하는 학생들에게 공부하기에 알맞은 숙소를 제공하는 것이 급선무였다. 그래서 콜레주의 설립은 곧 자선사업이 되었고, 성직자의 자질이 있다고 판단되는 가난한 학생들에게 공부할 수 있는 집을 제공하기 위해 종종 고위성직자, 주교, 기타 귀족들에 의해서 설립이 되었다. 초창기의 콜레주는 대체적으로 황량하기 그지없고 음식도 불만족스러웠으나 규칙은 엄했다.

　콜레주들은 근세 이전까지 중등교육은 물론 대학교육의 중심을 이루고 있었다. 또한 파리 이외의 다른 지역에서도 이와 같이 성 안으로 교수와 학생들을 점차적으로 받아들여 거처를 마련하고 지속적으로 교육함으로써 콜레주는 중세 말부터 점점 확대되었다. 초기에는 콜레주의 교육시설이 부족해서 푸아르 가(rue du Fouarre)에 있는 '공개강의'를 듣게 하기 위해 교양학부 학생들을 자습교사가 데리고 가는 것이 상례였다.

콜레주가 14세기에 이르러 성공적으로 뿌리를 내린 것은 빈곤한 학생들을 위한 숙사이기보다는 학생들을 엘리트로 양성하기 위한 최상의 교육시설을 갖추면서부터였다. 따라서 14세기 말부터 콜레주는 지적생활의 중심으로 인문주의의 확산에 이바지하는 등 대학의 다른 어떤 기관보다 활동적인 역할을 했다.

그러나 파리 대학의 콜레주들은 15세기 이후 부실경영, 부정행위, 무관심, 화폐가치 하락으로 기부금의 손실이 많아 그 자체가 폐교의 위기에 놓였다. 게다가 라탱 지구의 콜레주들 중 일종의 침입자라 할 수 있는 콜레주 드 예수회가 시설·교육과정·교수진 등에서의 우수한 운영으로 파리 대학보다 우월성을 나타내기 시작했다. 예수회 콜레주들은 자체의 복합된 체제를 구성했고 젊은이들을 선발해서 교사로 훈련하여 임명했다. 그들은 철저하게 우수한 교사들을 채용하여 학생지도에 만전을 기했다. 반면 파리 대학은 학생과 학부모들로부터 신뢰가 떨어지는 등 난관에 직면했고, 따라서 파리 대학은 17~18세기 내내 콜레주를 운영하는 어떤 종교단체도 인정하지 않기에 이르렀다.

파리 대학에 위협적인 존재로 성장한 예수회의 콜레주들은 파리에서 더 이상 존속할 수 없었다. 파리 대학은 예수회 콜레주들이 첫째, 교육과정에서 프랑스의 종교와 윤리를 중시하지 않고, 둘째, 기능 위주의 교육을 강조하여 학생들을 타락시킨다는 이유를 들어 고등법원과 합세하여 예수회를 추방하고 그에 소속된 콜레주들을 폐교했다.

파리 대학은 예수회를 추방하기 전인 1719년과 1747년, 그리고 1764년 예수회의 축출을 계기로 콜레주 운영방침을 크게 바꾸었다. 우선, 파리 대학은 1719년 콜레주의 학생들로부터 수업료를 받지 않았다. 그리고 정부는 10개의 '전 과정 개설 콜레주'의 교수들에게 월급을 지불할 것을 약속했다. 대학은 중세 이래 학생들의 이용을 위해 설치했고 한편으로는 수입원도 되었던 우편업무를 대학에서 정부로 양도하는 데 합의하고, 그에 대한 대가로 정부는 새롭게 발전하는 왕실우체국의 수입 중 28분의 1을 대학에 매년 기부하기로 했다. 우편서비스가 증가됨에 따라 프랑스 혁명기에 이 보조금은 무려 300,000리브르에 달하였다. 이처럼 보조금을 받는 대신 파리 대학 콜레주들은 우선 수업료를 받지 않는 데 동의했으며, 무상교육을 실시하는 데 대한 자부심을 가졌다.

파리-소르본의 기원과 발전

성 루이 왕(r.1226~1270)의 고해성사 신부이자 친구였던 로베르 드 소르봉(Robert de Sorbon, 1201~1274)은 가난한 신학생들에게 숙식과 학업을 위한 학사를 세워주었는데, 이것이 바로 콜레주 드 소르본이다.[10] 그것은 콜레주 뒤 플레시-소르본(Collège du Plessis-Sorbonne)이 있는 생 자크 가에 건립되었고, 예비 신학생 16명을 수용했다.

소르봉은 38개 조항의 콜레주 규정을 정했다. 그는 콜레주 드 소르본에 관리자, 조합원, 객원교수를 두는 것으로 간단하게 그 조직을 구상했다. 관리자는 대학의 두뇌 역할을 하며, 어떤 것도 그의 자문을 거치지 않으면 안 되게 하였다. 그는 교수회에 의해 선출된 구성원들을 임명하고, 법규를 인증했다. 이 무렵 교수회의 회원들은 '교수단'을 형성했다.

소르봉은 서약과 공동생활에 대한 규정 없이 무상교육을 하겠다고 결심했다. 콜레주 드 소르본은 명성을 얻었고, 생 자크 가의 명칭도 소르본 가로 바뀌었다. 소르봉은 당시 가장 학식 있는 사람들 가운데서 동업자를 만들어 자신의 교육사업을 발전시키고자 했다. 1259년부터 콜레주 드 소르본은 쿠프 그월 가에 위치한 14개의 콜레주들 전체를 대표했다. 알렉산더 4세(1259)는 소르본의 지원을 프랑스 주교에게 당부했고, 우르반 4세(1262)는 소르본에 전 기독교세계가 관심을 갖도록 부탁했으며, 클레멘스 4세(1268)는 소르본에 승인장을 주었다.

콜레주 드 소르본은 계속 확대되었다. 소르봉은 노트르담 수도원 학교를 콜레주 드 소르본으로 전환시키고자 했다. 그곳은 젊은 성직자들에게 신학을 준비하기 위한 기초 교육을 하는 곳으로, 소르봉은 1271년 신학부에 문학부를 추가했다. 이 학교는 처음에는 프티트 소르본(Petite-Sorbonne), 그 다음에는 콜레주 드 칼비(Collège de Calvi)라고 불려졌다. 소르봉은 이 학교를 콜레주 드 소르본에 입학하기 위한 기초교육기관으로 사용했다. 칼비를 졸업하려면 '로베르틴 Robertine'이라고 불린 논문을 발표하고, 3인의 심사위원 중 다수득표를 얻어 합격해야 했다.

콜레주 드 소르본은 파리의 다른 콜레주와 현저하게 구별되었다. 콜레주 드 소르본은 첫째, 콜레주 드 소르본은 모든 그리스도교 국가의 학생들에게 개방되었고, 둘째, 우수한 교수진과 교육의 수월성으로 프란체스코파와 도미니크파, 즉 탁발수도회에 의해 설립된 학교들에게 위화감을 갖게 했다. 소르본에는 '뷔르새르 bursaires'라 하는 장학생과 '팡시온내르 pensionnaires'라 하는 기숙생이 있었다. 장학생은 40파운드의 수입이 없는 학생들이 해당되었고, 10년 내에 교단목사의 자격을 인정받아야 했다.

소르본은 처음부터 세속사제회의 한 부분과 같은 기능을 했다. 소르본에는 나바르 콜레주 등과 달리 그 자체에 교양교육을 위한 특별과정이 설치되지 않았다. 입학생들은 이미 교양학부를 수료하고 학위를 받아 신학교수가 되기 위한 과정에 있는 학생들이었다. 또한 이 학교의 학생들은 학업을 마칠 때까지 계속 콜레주에 머무를 수 있었고, 왕이 정한 특권도 받기 때문에 나바르의 콜레주 학생들이 선망하는 학교였다.

콜레주 드 소르본은 기부금으로 운영되었는데, 초창기에는 국왕 루이 9세를 비롯해서 추기경, 그리고 교황과 주교들이 독지가 등 부유한 후원자들이 많은 돈을 기부했고 장학금도 풍부했다. 규율은 엄격했고 교수단은 존경을 받았으며, 유럽 전 지역에서 신학은 물론 심지어 정치문제를 해결하기 위해 이 곳을 찾는 사람이 많았다. 콜레주가 유명해지자 처음 16명이었던 학생이 곧 30명으로 증가했고, 실력 있는 담임교사와 교장에 의해 교육이 더욱 확실하게 이루어졌다. 콜레주 드 소르본에서 이루어진 논쟁들은 파리 사람들의 신학연구의 열정으로 이어져 '소르보니크 sorbonique'라고 하는 '신학사 시험'도 이 곳에서 행해졌다.

16세기에 이르러 콜레주 드 소르본은 대단한 변신을 했다. 다른 대학의 신학교수들이 소르본의 구성원이 되자 사실상 이 콜레주의 교사들이 대학 교수단과 그 위상이 같아진 것이 그것이다. 1542년에는 교양학부 학생들의 강의가 콜레주에서 더 이상 이루어져서는 안 되고 학생들의 수준을 높여 배출해야 한다는 인식이 늘어났다. 1554년부터 소르본은 신학부의 전체 토론장이 되었다. 또한 1577~1625년의 50년간 그리스 철학에 기반한 새로운 강의에 의해 신학부의 강의는 한층 강화되었고, 이것은 콜레주 뒤 플레시-소르본에서 길러진 학생들에게 환영받았다. 그에 따라 콜레주 드 소르본은 앙시앙 레짐 시대에 지적생활을 위한 학교로 선택되었다.

콜레주 드 소르본은 특히 리슐리외에 의해 크게 발전했다. 리슐리외는 1607년 말 소르본으로부터 '초청교수'와 '조합원'의 타이틀을 동시에 받았고, 1622년에 교장이 되었다. 소르본은 13세기 이래 계속 수리되어 왔으나 학교의 건물이 상당히 낡았고 불안했다. 추기경이기도 한 리슐리외 교장은 완전히 자신의 돈으로 소르본을 더욱 크게 재건하기 위해 1626년 7월 30일 그에 대한 모든 계획을 점검했다. 1627년 3월 18일 그의 이름으로 새로운 건물의 주춧돌이 루앙의 대주교 프랑소와 드 아를래(François de Harlay)에 의해 놓여졌다. 당시에 수용된 것은 프와레 가, 생 자크 가, 마송 가, 코르디에 가의 땅이었는데, 리슐리외는 그 곳에 있던 콜레주 데 디스 위트를 40,000리브르 투르느와(800,000수)에 구입했다.

소르봉으로부터 시작된 콜레주 드 칼비 또는 프티트 소르본은 그때 사라지고, 그 토대 위에 1635년 5월 15일 리슐리외가 주춧돌을 놓은 성당이 세워졌다. 새로운 콜레주 드 소르본은 1642년 12월 리슐리외가 죽었을 때에도 건축이 완전히 끝나지 않았다. 그러나 소르본의 명성은 리슐리외 시대부터 높아지기 시작했고, 소르봉이 세웠던 통일성 없는 건물들을 르메르시(Lemercie)로 하여금 통일된 건물로 바꾸게 함으로써 소르본의 면모를 완전히 변화시켰다. 이 재건축 작업은 리슐리외의 명령으로 이루어졌기 때문에 콜레주 드 소르본은 한때 '콜레주 드 리슐리외'라고 불렸으며 '통학생 학교 Ecoles exterieurs'라고도 했다.

리슐리외 덕분에 콜레주 드 소르본은 위상이 크게 달라져서, 16~17세기에는 파리 대학 신학부 전체를 지칭하게 되고, 명성이 더욱 드높아졌다. 그러나 소르본은 18세기에 이르러 과격한 보수적 집단으로 전환되어 계몽사상가와 서적을 탄압하였다. 소르본의 교수들은 대부분 프로테스탄트와 백과전서파들에 대항하여 가톨릭의 충실한 보호자가 되었다. 특히 그들은 예수회와 그들이 세운 학교를 폐교시키면서 파리 대학을 지켰는데, 대부분의 계몽사상가들이 파리 대학 신학부와 맞서

싸우다 희생당했다. 이에 분노한 볼테르는 소르본을 '어리석은 자 bétise'라고 우롱했다. 그러나 소르본은 1746년에서 1792년까지 46년 동안, 매년 파리 대학 콜레주들의 최종경합 상장수여식을 수여하는 곳으로서의 권위를 가지고 있었다.

1789년 프랑스 혁명으로 콜레주 드 소르본은 폐교되었다. 파리 대학 자체의 전문적인 활동의 특성을 살리려는 취지로 교양학부로 콜레주 드 루이 르 그랑이 통합될 때, 신학부도 콜레주 드 소르본과 통합됨으로써 콜레주 드 소르본은 파리 대학 신학부를 대신하게 되었고 그 이름도 파리-소르본으로 불렸다. 리슐리외가 재건축한 소르본의 건물들은 '1792년 4월5일 법령'에 의해 탄압받다가 1808년 나폴레옹에 의해 파리 대학, 즉 제국 대학의 신학부에 넘겨졌다. 또한 나폴레옹이 죽은 1821년에는 파리 대학구의 중심지와 더불어 인문대학의 강의실로 사용되었고, 그 후 제3공화정 시대인 1886년 파리 대학 신학부가 폐지되고 그 곳에 소르본이라는 이름이 붙여졌다.

현재의 소르본은 1635~1653년에 리슐리외 무덤에 건립된 성당을 제외하고, 1884년부터 1900년까지 네포(Népot)에 의해 완공된 것이다. 다양한 인문과학부가 있는 그곳은 세계적인 인문학의 요람이기도 하다.11) 오늘날 파리 대학은 1968년 11월 12일 '에드가 포르 법안'에 따라 파리 시 대학구의 대학이 되었다. 각 지역 단위로 도시의 크기에 따라 제1대학, 제2대학……으로 대학이 구성된 것처럼 파리 대학도 제1대학에서부터 제13대학까지 구성되어 특성화를 이루고 있다.

대학의 체제 갖추기와 자율권 확보

자치체제 갖추기

13세기와 마찬가지로 앙시앙 레짐에서도 파리 대학은 여전히 교양학부, 신학부, 법학부, 의학부 등 4개의 학부체제였다. 다국적 학생들로 구성되었기 때문에 강의와 학생지도에 어려움이 많았으나, 이들은 일찍이 '동업조합' '동향단 nations' 등의 자치체를 구성하여 나름대로 대학의 자율과 질서가 유지되고 있었다.

대학의 동업조합은 교양학부의 교수와 학생들로 이루어져 있었으므로 교양학부가 필연적으로 대학을 대표하게 되었다. 파리 대학의 교수와 학생들은 11세기 로마로부터 분리된 그리스 정교회의 동방지역을 제외한, 유럽의 매우 다양한 지역 출신들이었다. 그들은 일찍부터 지리적 관계에서 일드 프랑스, 노르망디, 피카르디, 영국 등 4개의 '동향단'으로 편성되었는데, 이것들은 교구에 의해 분류된 것이었다. 또한 동향단들은 각각 자체의 행정단위로 되어 있었고, 자체의 수입과 규정을 가지고 있었다. 그러나 학위와 관계된 모든 것은 동향단 회의에서 결정했다. 학부에는 학장이 있었으며, 동향단에는 한 명의 대리인(또는 학감)이 있었다.

그러나 15세기에 이르면 4개의 동향단 중 '영국 동향단'의 이름이 없어지고 대신에 '독일 동향단'의 이름이 나타난다. 그렇게 된 이유가 무엇이며, 언제부터 그렇게 되었는지 궁금하다. '영국 동향단'이라는 말은 당시 팡테옹 가까이에 있는 옛 아일랜드 가의 학생들에게 여전히 '영국'이라는 이름이 필요했기 때문에 만들어진 것이었다.

부케(H.L. Bouquet)의 말과 같이 '영국 동향단'은 잔 다르크가 죽은 1436년에 그 이름이 '독일 동향단'으로 바뀌었다. 그러나 이보다 63년 전인 1373년, 독일 황제 샤를르 4세가 파리를 방문했을 때 영국 동향단 교사와 학생들이 '독일 동향단'이라는 호칭을 얻기 위한 승인을 간청한 바 있었다.[12] 게다가 영국과는 항상 숙적 관계였던 프랑스가 플랑드르 지방과 연계하여 영토확장을 하려는 영국 플란타지네트 왕가와의 백년전쟁(1338~1453)에서 패배한 것, 그리고 잔 다르크가 처형된 것을 계기로 프랑스 내의 반영사상이 고조된 것이 '영국 동향단'을 '독일 동향단'으로 바꾸는 결정적인 계기가 되었다.

백년전쟁을 치르면서 외국인학생은 현저하게 줄어들었고, 1495년에 루이 12세가 대학으로부터 강의정지권을 박탈하면서 동향단의 역할은 쇠퇴하고 자치권도 상당히 상실되었다. 이어 1796년 콜레주 제도의 폐지, 중앙학교의 설립과 더불어 동향단은 자취를 감추었다.

　파리 대학의 동향단 중 노르망디 동향단을 제외한 다른 3개의 동향단들은 몇몇의 지방사람이나 종족으로 구성되었다. 노르망디 동향단은 노르망디 지역 출신으로 루앙, 오랑슈, 리지외, 콩탕스, 바이외 에브뢰, 세에즈 등 7개의 교구에 있는 종족으로 구성되었다. 프랑스 동향단은 스페인, 이탈리아, 지중해 연안의 섬과 아프리카 출신의 학생들은 물론 수도 근처에서 온 학생들도 포함하고 있었다. 피카르디 동향단은 프랑스 북부와 베네룩스 삼국 출신들을 포함했다. 독일 동향단은 독일 출신뿐 아니라 덴마크, 영국, 폴란드, 스위스, 헝가리 출신의 학생들을 포함했다.

　이들 동향단들 중 노르망디 동향단과 피카르디 동향단을 제외하고 프랑스와 라틴계 국가 출신들인 교수와 학생들을 포함하는 프랑스 동향단, 그리고 독일 세계와 북유럽 출신의 교수와 학생들을 포함한 독일 동향단은 프랑스 혁명 직전에 이르러 더 이상 존재의 당위성을 갖지 못했다. 그것은 파리 대학이 실제적으로 왕국 내의 학생들을 모집했고 왕국은 1789년 노르망디와 피카르디, 그리고 알사스, 로렌, 프랑쉬 콩테와 같은 독일 제국의 영토를 병합했기 때문이다. 그러나 앙시앙 레짐의 관례들에 충실했던 교수와 학생들이 시대착오적 관점에서 동업조합의 조직과 기능을 조심스럽게 유지하는 경우도 때로는 있었다.

동향단들은 의장과 대표자의 역할을 할 대리인을 선출하고, 그 대리인들은 교양학부의 수장인 학장을 선출했다. 학장은 한 학기인 3개월 동안 학장직을 수행했으며 본래 연임은 허용되지 않았다. 그러나 1600년 이후에는 당초의 규칙이 적용되지 않아 7년 동안 학장을 역임하는 경우도 여러 번 있었다. 법학, 의학, 신학 등 상위학부는 각각 '전문학장'을 두었다. 교양학부의 학장이 총장의 역할을 했던 이유는 첫째, 상위학부가 교양학부를 졸업한 학생들로 구성되었으며, 둘째, 이미 교양학부의 학장에게 했던 복종의 서약이 상위학부생과 심지어 졸업생에게도 구속력을 가지고 있었기 때문이었다. 전문학장들은 학생의 생활과 규칙을 감독하고, 외부 단체 특히 교황청의 업무를 다루는 대학의 대표자 역할을 했다.

교양학부에 의해 임명된 총장은 오늘날 대학위원회와 아주 유사한 회의를 주재했다. 그 회의에서는 신학부, 법학부, 의학부 그리고 교양학부의 4개 동향단들이 모여 대학의 특권, 재무행정(서고, 양피지 제조상), 규정들에 대해 다루었다.

재정은 교양학부의 경우는 동향단들에 의해, 그리고 다른 세 개의 학부들은 그 자체의 수입원에 의존했다. 수입은 각종 시험에 대한 권리 등 여러 수입원에 의해 충당되었다.

총장, 학장, 대리인은 명예로운 직책임과 동시에 대단한 열정과 술책으로 얻게 되는 자리여서 음모도 많았다. 파리에서 총장은 원래 선출제였으나, 1275년 교황의 특사였던 시제 드 브라방의 측근과 반대파들 사이에서 교양학부가 분열되는 싸움이 끝난 후에는 당국으로부터 로베르 드 브리옹(Robert de Brion)이 총장으로 임명된 바 있다. 총장의 임기는 오랫동안 3개월이었으나 연임될 수 있었고, 총장은 회의소집권 이외에 다른 권리가 전혀 없었다. 총장의 권력은 회의를 소집하도록 발의하는 동향단의 대리인들에 의해 제한되었다. 1406년에는 당시의 왕이었던 샤를르 6세에 의해 총장의 회의소집권이 승인되었는데, 이때 왕은 총장에게 회의에서 벌금형을 내릴 수 있는 권위를 인정했다. 이때부터 왕정은 대학 당국을 방호하는 관심을 약간 보였다. 1357년에는 10명의 박사와 10명의 대리인(오늘날 노사동수의 대표를 구성하는 서막)들이 내부적으로 어려운 일들을 노사분쟁 조정위원회에 의해 조정할 수 있도록 하였다.

교수와 학생들은 출신지방과 그들의 강의, 연습 중 사용하는 지방방언에 따라 각각의 동향단으로 분리되었고, 동시에 4개의 교육분야가 설립되면서 1219년에 처음으로 '학부(faculté)'라는 명칭을 쓰기 시작했다. 4개 학부 중 '교양학부'의 학생들이 가장 많았고, 또한 가장 젊었다. '교양학부'에는 11~12세 정도에 입학했고, 졸업 후 신학, 법학, 의학 등 상급학부에 들어가기 위해 19세가 되면 대입수능고사인 '바칼로레아(baccalauréat)'를 치렀다. 그 후 2년간의 보충연구를 통해 학위가 수여되고 동업조합에 들어갈 때의 의식과 유사한 입회식을 거쳤다. 조합원의 자격을 얻으면 학교를 열 수 있는 자격과 더불어 학사(길드의 도장인)가 되었다.

콜레주의 학생들은 비록 대학의 일원이지만 본질적으로 오늘날 중등교육과정 정도의 수준을 이수하고 있었다. 따라서 교양학부는 상급학부에 진학하기 위한 일종의 예비과정을 두는 '소학교'와 중복되는 상황이 벌어지기도 했다. 때문에 16~17세기에는 이러한 문제에 대한 많은 논란이 제기되었다.

남녀아동들이 입학할 수 있는 소학교 이외에 소년들에게만 개방되고 교양학부의 교육과정과 크게 다르지 않은 라틴어 학교, 그랑제콜(Grandes Ecloes) 등도 있었다. 라틴어 학교는 소학교처럼 성당의 관리에 속한 장학관의 통제 아래 있었으며 과정이 끝나도 학위는 주지 않았다. 이 그랑제콜은 곧 교양학부로 대체되고 소학교를 마친 소년들은 곧바로 대학에 들어가는 것이 통례였다. 그러므로 대학의 교양학부는 17세기까지 중등교육에 있어 중요한 역할을 하였지만 한편으로는 독립 중등학교의 설립을 저해하는 요소가 되었다고도 할 수 있다.

나머지 3개 학부는 법학부, 의학부, 신학부 등 대단히 전문적인 분야였지만 수준이 그다지 높지는 않았다. 그중 신학부는 '학문의 여왕'으로 불렸으며 가장 뛰어난 문학사 소지자들이 들어가 교회의 최고직과 정부의 관료 및 교수로 진출하는 길이 되었다.

자율권과 자치권 확보

인노켄티우스 3세는 대학을 조직적으로 운영하고 싶어했기 때문에, 로베르 드 쿠르송(Robert de Courçon) 추기경을 파리대학에 파견하여 대학의 제반사항을 종합하고 당시의 현안문제, 급료, 교과과정, 총장의 권한 등에 대해 성문화시켜 정리할 것을 지시하였다. 그것이 바로 1215년 파리 대학의 학칙으로 지금까지도 그 정신과 내용의 일부가 묵시적으로 지켜지고 있다.13)

당시 가장 시급한 당면과제는 성직록과 급료문제였다. 성직자들은 성직록이 가르치는 것에 대한 수업료라고 생각하지 않았다. 대학에 있는 성직자라도 모두 다 성직록의 수혜자는 아니었으므로 성직자가 아닌 교사나 교수는 생계의 어려움이 많았다. 총장이나 학교 당국이 교원들을 '거저 받았으니 거저 주어라'는 하나님의 말씀으로 설득하기도 어려웠다.

쿠르송은 묘안을 냈다. 그것은 바로 인문학교수와 신학, 의학, 법학교수를 구분하자는 것이었다. 인문학교수의 경우 기초과목을 문법, 외국어 또는 기하학과 수학으로 나누고 이들 과목에 대해서는 수업료를 받게 하는 것이었다. 그는 인문학의 수업료를 농부가 김을 매고 받는 품삯에 비유하여, 그것을 받도록 했다. 반면에 윤리학과 신학의 경우는 정신영역에 속하는 것이므로 금전적인 대가를 바래서는 안 되는 것으로 정의하고 수업료를 받지 않는 것을 원칙으로 하였다. 그러나 재정형편에 따라 수업료를 부과할 경우 인문학에서는 선불하지만 윤리학과 신학에서는 후불로 한다는 단서조항도 두었다.

쿠르송은 교수의 최소연령도 제한했다. 인문학교수는 최소한 21세는 되어야 하고, 학교에서 6년 이상 인문학을 공부한 경력이 있어야 했다. 신학교수는 신학이 중시되었던 만큼 최소한 35세 이상이어야 하며 적어도 8년 이상 신학공부를 했어야 했다.

인문학강의는 7자유학과의 기본틀 안에서 자유롭게 이루어지도록 했다. 아리스토텔레스의 신·구 논리학과 프리키아누스의 대·소 문법은 인문학교수들의 강의에서 항상 다루어졌다. 그러나 신학교수에게는 '단지 아침 9시 이전에 신학강의를 해서는 안 된다'는 정도의 규정만 있었다. 그것은 인문학이 신학의 예비단계라는 관념에서 아침 9시 이전에는 주로 인문학강의를 듣게 했기 때문인 것으로 보인다.

만약 성직자가 대학진학을 위해 교회를 떠날 때는 의학과 법학을 공부하는 것이 금지되었다. 1131년 랭스 종교회의, 1139년 라테란 회의, 1163년 투르 회의에서 이미 정한 바와 같이 수도사가 수도원을 떠나 대학에 진학할 경우에는 신학만을 공부하도록 했다.

로베르 쿠르송이 대학의 학칙을 제정한 후 교수와 학생들은 보다 적극적으로 자신들의 정체성을 확립하려 했다. 1179~1215년 사이에 파리에 있던 교수들의 출신지역을 살펴보면, 무려 4분의 3이 프랑스 지배영역 밖의 출신이었다. 1207년 인노켄티우스 3세가 파리 신학교의 교수를 8명으로 제한할 때에도 인문학 100명, 법학과 의학에 각각 20명씩 모두 148명의 교수들이 있었다.

파리 대학의 구성원들은 정체성 확립을 위해 자체법률과 문장(seal)의 제정을 서둘렀고, 교수와 학생들은 자율적으로 규정을 정하여 공포했다. 이에 교황 호리우스는 그 진상을 파악하기 위해 랑통(Lanton)과 두 명의 주교를 조사위원으로 파견했다. 교항의 특사들이 문장사용 금지와 더불어 교수와 학생들을 통제하자 몽둥이와 칼로 대항하는 사태가 벌어졌다. 결국 문장사용은 금지시켰으나 그 이외에는 별다른 제약을 할 수 없는 것으로 사태가 마무리되었다.

한편 영토의 확대, 시장경제의 발달, 국가체제 정비 등 새로운 질서의 수립에 따라 프랑스에는 대학이 우후죽순으로 설립되었고, 파리 대학은 자연히 여러 대학의 모델이 되었다. 13세기에 설립된 몽펠리에 대학과 툴루즈 대학이 파리 대학을 모델로 한 대표적 예다. 14세기에는 영국과의 백년전쟁, 흑사병 등 사회적인 불안과 경제적인 어려움에도 불구하고 아비뇽 대학(1303), 오를레앙 대학(1306), 카오르 대학(1331), 그르노블 대학(1339), 페르피냥 대학(1349), 앙제 대학(1364), 오랑주 대학(1365) 등이 잇달아 설립되었는데, 이때에도 파리 대학이 직·간접으로 관여했다. 다만 그중 앙제 대학과 그르노블 대학은 왕과 왕세자에 의해 설립되었다.

왕의 수중에 들어간 대학은 사법적 자치권(1446)과 파업권(1449)이 박탈되었다. 대학설립 허가권을 왕이 쥐면서부터 파리 대학을 제외한 다른 대학들에서는 순수한 신앙의 유지나 신학자의 양성이 금지되었다. 대학은 정치적 상황에 부응하는 공직자를 양성하게 되었는데, 사실 이것은 학생과 부모들이 원하는 바였다. 유럽을 하나로 묶는 역할을 하던 파리 대학은 이제 더 이상 자리를 지킬 수가 없게 되었다.

게다가 지리상의 발견, 인쇄술의 발달, 르네상스 운동 등의 영향을 받으며 엑스 대학(1409), 돌 대학, 프와티에 대학(1433), 캉 대학(1432), 보르도 대학(1441), 발랑스 대학(1452), 낭트 대학(1460), 부르주 대학(1463) 등이 설립되면서 대학은 인문학의 비중을 높였다. 또한 뒤이어 일어난 종교개혁으로 신교와 구교 간의 갈등이 깊어지자 왕권이 강화되고, 대학에서 교황권은 자연히 밀려났다. 신교의 성격을 띠고 있던 대학에서는 개종하지 않는 교수와 학생들이 캠퍼스를 떠나는 사례가 많았고, 대학의 민족적·국가적 성격이 더욱 두드러지게 나타났다.

캠퍼스의 일정, 학위취득 및 진로

캠퍼스의 하루

대학에 들어간다는 것은 교양학부에 입학하는 것이고, 교양학부에 들어간다는 것은 곧 콜레주에 들어가는 것이었다. 콜레주의 학생들은 12년 동안 수업을 들을 수 있었는데, 현행 우리의 학제와 달리 최고학년이 1학년이었다. 만약 학생이 7학년이나 6학년에 입학했다면 전문 훈련은 3년에 걸쳐 이루어졌다.

각 학년은 10월 1일에 시작해서 상급반은 이듬해 8월 말까지, 나머지 반은 9월 중순까지 계속되었다. 부활절, 성신강림 축일 그리고 그 이외의 성 축일이 휴일이었는데, 각각 휴무기간은 차이가 있었다. 10월과 부활절 사이는 큰 학기라 하고,

부활절과 장기 방학 사이는 작은 학기라 했다.

1503년의 콜레주 드 몽테귀(Collège de Montaigu)의 규정을 모델로 살펴보면, 수업은 오전 4시에 시작해서 6시 미사 때까지 계속되었다. 아침식사 후 오전 8시에 재개되는 수업은 11시까지 계속되고, 점심식사 후에는 오후 5시까지, 그리고 저녁에도 공부 시간이 있어 학생들은 하루 평균 11시간의 과중한 학업을 해야 했다.

11시간의 수업 중 6시간은 강의실에서 보내고 5시간은 자습 시간으로 감독교사하에 각자 연구시간으로 사용했다. 토요일에는 한 주간 공부한 것을 복습했다. 또한 '상급반 편입 토론회 sabbatine'로 불리는 훈련이 있었는데, 이 훈련에서 불합격받은 학생은 학교장에게 보고되고 때로는 태형을 받기도 했다.[14]

캠퍼스에서 사용하는 언어는 라틴어였고, 교과과정은 그리스와 로마의 고전 연구에 중점을 두었다. 라틴어는 교수용어뿐 아니라 일상회화의 도구로서, 콜레주에서 모든 학생들과 학생감이 함께 사용하는 캠퍼스 공용언어였다. 라틴어에 대한 지식은 교양학부 입학생들에게 필수적이었기 때문에 소학교의 교육과정에 초급 라틴어가 포함되었다. 콜레주의 저학년에서는 필수 라틴어 문법개론이 수준 낮은 운문 형태로 제공되었다. 수사학급에서는 제라르드 보시우스(Gerard Vossius)의 작품이 사용되었고, 여기에서 다루어진 작가들은 키케로, 퀸틸리아누스, 베르질리우스, 호레이스, 티불러스, 플라우투스 등이었다. 대학에서 그리스어는 그다지 중요한 과목이 아니었기 때문에 포르 로와얄이나 예수회 콜레주에서도 강조되지 않았다.

교양과정의 하이라이트는 2년간의 철학연구였다. 그것은 '전 과정 개설 콜레주'의 커리큘럼에 들어 있었고 문학사 학위취득을 위한 필수과목이었다. 철학 교육과정은 주로 아리스토텔레스에 대한 연구로 구성되었다. 첫 해에는 입문과정(Prolegomena)의 한 과정을 끝마친 후 논리학과 도덕철학을 시작했는데, 아리스토텔레스의 논리학과 윤리학을 공부했다. 두 번째 해에는 아리스토텔레스의 물리학과 형이상학을 교재로 하였고, 수학 역시 공부했다.

18세기에 이르러 뉴턴의 만유인력, 백과전서파들의 실험 방법, 유물론 등은 교수 방법과 강의에 많은 변화를 가져왔다. 이것들은 루이 16세 시대의 새로운 사상에 저항하는 것이기도 했지만, 일반적으로 데카르트와 얀세니즘을 계몽철학과 연결시키고 있었다. 바로 이러한 분위기 속에서 장차 프랑스 혁명의 주역이 될 로베스피에르, 생 쥐스트, 베르트랑 바래르 등이 콜레주 루이 르 그랑이나 대학에서 개혁사상을 기르고 있었다.

학위 취득과 진로

학위는 교양학부를 졸업하고 받는 학사학위(licence)와, 법학부, 신학부, 의학부를 졸업하고 받는 박사학위로 나눌 수 있다. 하급학부인 교양학부에서는 바칼로레아와 문학사가 수여되었고, 상급학부인 신학, 법학부, 의학부에서는 박사학위가 수여되었다. 중세 이후에도 교양학부에서는 상급과정에서 받는 박사학위가 수여되지 않고 다만 학사학위가 최고의 학위로 수여되었으며 그러한 것은 제5공화국 초반까지 계속되었다.

교양학부에서 철학과정을 마친 학생들은 18∼19세가 되며, 이들은 문학사에 지원할 준비를 했다. 문학사 과정은 다양한 조건을 요구했지만 보통 두 가지 시험과 지원자가 선택한 몇 가지 논문에 대한 논쟁으로 합격이 결정되었다. 논쟁 시험은 '쿠오들리베티카 Quodlibetica'라고 하여, 이것을 성공적으로 통과한 사람들은 가르칠 수 있는 자격을 얻기 위해 '총장 chancellor'이 실시하는 시험 중 하나에 다시 응시해야 했다.

법학박사는 학사 후 40개월을 더 공부해야 했다. 학위취득 후의 진로는 교구, 수도원, 성당학교로 배속되거나 정치, 외교, 무역, 경제 등의 분야에서 법률서기, 변호사, 공증인으로 활동했다. 법학교육은 1762년 수플로(Soufflot)에 의해 일단 정비되었고, 1804년 나폴레옹에 의해 법학교육이 재건되었을 때 수플로가 건축한 건물에 통합되었다. 이 건물은 오늘날에도 파리 1,2대학에서 여전히 유지하고 있다.[15]

법학부의 강의는 교회법에 한정되었다. 파리 대학에서는 이탈리아의 볼로냐 대학과 달리 '시민법'의 연구를 금지하고 있었다. 법학박사 학위논문이 발표될 때 좌측의 연단에는 잘 차려입은 여성들이 조심스럽게 참석하여 후보자와 심사위원들의 질의응답을 지켜보기가 일쑤였다.

법학부가 발전된 것은 1679년 루이 14세와 콜베르가 왕의 특권에 관해 로마와 프랑스 간의 논제를 이용해 모든 법학부에 그간 교회에 의해 금지되었던 프랑스 법에 대한 강의를 도입함으로써 박차를 가하게 되었다. 루이 16세 시대 법학부 출신인 로베스피에르 형제, 뷔조, 카미유 데 믈랭과 같은 정치 참여자들이 증명하듯 이것은 새로운 사상의 영향을 반영했기 때문이다.

신학부의 학위과정은 의무적으로 만 23세가 되어야 받을 수 있는 문학사들에게 허용되었다. 소르본이나 나바르 콜레주에서 수강한 4시간의 철학 강의에 대한 2가지 시험을 4명의 신학박사들로 구성된 심사위원단 앞에서 통과해야 했고, 그 후에 신학대학 입학자격권을 부여하는 '시도 tentative'라는 학위논문 심사를 공개적으로 받았다.

학사자격 과정에 등록한 사람은 2년 동안 세 편의 학위논문을 완성해야만 했는데, 일반적인 '대주제 논문'과 '소주제 논문', 즉 두 편의 논문에 대해 구두심사를 받아야 했다.

제3시험은 학사 취득 후 실시하는 신학논문 시험으로 파리 대학의 신학부에서 이루어지는 세 가지의 논문 구두심사인데, 이것을 통과하는 자에게 신학학사 학위를 부여했다. 즉, 신학박사 학위를 얻기 위해서는 저녁에 받는 논문 구두심사인 '베스페리 vespérie', 대주교의 방에서 받는 논문 구두심사인 '올리크 aulique', 이전의 시험문제들에 대한 수정과 비판을 받는 '레종트résompte' 등 세 가지의 새로운 시험을 치러야만 했던 것이다. 대부분의 학생들은 많은 희생이 따르는 2가지 최종 시험을 기피했는데, 이것은 신학 교육 혹은 주교직 취임을 위해서만 필요했기 때문이다. 이 시험들이 끝나면 성대한 의식 중에 박사모를 쓰게 된다.

신학박사 학위를 취득한 후에는 국왕이나 유력한 귀족의 관리, 외교관, 비서, 고문, 의사, 건축가, 교회의 법률가 등, 오히려 법학부 출신보다도 다양한 직종에 취업이 가능했다. 파리 신학부 교수 15명 중 3명은 노트르담 성당의 참사원, 나머지 12명 중 9명은 여러 수도회 소속의 수도사였다. 신학교수직은 고위성직의 예비단계였다.[16]

의학부의 박사과정은 학사의 경우 32개월이고 학위 취득까지 교양학부 수료자는 5년 반, 그렇지 않은 자는 6년이 걸렸다. 강의교재는 그리스, 아라비아, 유태의 의학서를 번역한 콘스탄티누스 아프리카누스의 『의술』과 이자크의 저작 및 니콜라스의 『약종일람』이었다.

의학박사 학위가 공포되기에 앞서 학위신청자는 '베스페리 vespérie'라는 구두심사를 학위 수여식 바로 전날에 받아야 했다. 그리고 다음날, 학위 신청자는 자기 동료들 앞에서 그 내용을 발표하고 논쟁하며 의학적 면에서 새로운 질문을 제기한 다음 학위를 받았다. 그러나 학위를 취득했다 하더라도 모든 박사들이 반드시 교수가 되거나 행정직을 맡게 되어 있는 것은 아니었다. 이러한 직능을 수행하기 위해서는 '악트 파스티에르 acte pastillaire'라고 하는 '논문발표 증명서'를 제출해야 했다. 이것을 얻기 위해 학위 신청자는 논쟁에서 반드시 승리해야 했는데, 만약 이 절차를 거치지 못한 경우에는 학장이나 총장에 선출될 수 없었다. 예를 들어 피카르디 동향단의 학감 베르나르 니바르(Bernard Nivard)가 학장에 선출되지 못한 것은 바로 이 '파스티에르'를 통과하지 못했기 때문이었다.[17]

일반적으로 학위논문의 구두심사는 문제가 될 수 있기 때문에 '증명서' 혹은 '논문', 즉 논문들의 플래카드를 인쇄해야만 했는데, 여기에는 지원자의 이름, 주제, 장소, 날짜, 시간 등을 명시해야 했다. 원칙상 이러한 인쇄비용은 학생의 부담이었으나 때로는 보조를 받을 수 있었다. 1780년과 1781년 루이 르 그랑 콜레주의 졸업생들은 기관의 비용으로 자신들의 논문을 인쇄할 수 있었다. 법학부는 54권의 논문을 요구했으므로 대개 100권 정도 인쇄하는 것이 관례였다.

학위는 대학에서 교부되었다고는 하지만 실제로 그것을 수여하는 것은 교회로, 상급학부 학생들에게는 노트르담의 사무국장, 교양학부 학생들에게는 생트 즈네비에브 수도원의 사무국장에 의해 교부되었다.

학생들의 갈등과 의식의 변화

학생들의 생활과 복장

어떤 면에서 파리 대학 콜레주의 교육체제와 방법은 수도원의 교육과도 같았다. 학생들은 수도사들처럼 학습, 기도, 레크리에이션 등에 그들의 일과를 공정하게 분배했다. 15세기의 대학 안에 설립된 콜레주들은 주로 학위를 받게 하기 위해 수도원들이 보낸 젊은 수도사 학생들에게 거처와 주방을 제공했다. 그곳은 작은 수도원과도 같았고, 수도사 정신이 수도사들의 콜레주로부터 세속의 콜레주에 전달되어 학생들은 수도사와 같은 건전한 대학생활을 할 수 있게 되었다. 그러므로 대학은 '하나의 성직자단'이었고 대학에서의 결혼도 금지되었다. 그렇다고 대학에서 순수한 풍속만이 지켜진 것은 아니었다.

학생동업조합에 대한 국왕의 특전은 그들로 하여금 일반시민들과 구별되는 생활을 하게 했기 때문이다.

대학은 집단생활의 형태였으므로 외부세계와 고립되어 있었다. 교수와 학생들의 관계는 가족적이어서 학생들은 자습교사들과 같은 식탁에서 식사를 했다. 가난하여 끼니가 어려운 학생들에게는 식사를 제공했는데, 일반적으로 그 시대에는 모든 학생들이 가난했고, 어떤 학생은 음식을 구걸하는 경우도 있었다. 사람들은 그들을 '가난뱅이 학생'이라고 불렀다.

학구열이 높은 그룹의 학생들은 술집 등 유흥업소는 물론 지나치게 소란스러운 장소와 모임에도 가지 않았다. 반면 어떤 학생들은 아주 무질서한 생활을 해서, 술에 취한 학생들이 소란을 피우며 거리를 활보할 때도 종종 있었고 부르주아 출신의 동료와 결투나 싸움판을 벌이는 것 역시 드문 일이 아니었다. 학생들과 돈독한 우정을 맺은 자습교사들이 그들과 함께 먹고 마시는 곳에서 종종 어울리는 경우도 있었다. 학생들은 주로 1368년에 허가받은 프레 오 클레르크(Pré-aux-Clercs)의 넓은 잔디밭에서 먹고 마시며 춤을 추었다.

학생들이나 교수들이 처음에는 재속성직자 그룹에 속해 있었기 때문에, 이들의 의상도 재속성직자들의 옷에서 비롯되었다. 후드가 달려 있고 소매가 느슨한, 수도사복장 같은 긴 옷과 머리에 쓰는 홀(hole)은 원래 재속성직자들의 외출복이었는데, 13세기에 교수들이 입는 학교의상이 되었고 파리, 볼로냐, 옥스퍼드 대학에서도 널리 착용되었다. 14세기에 이르러서는 각 대학들이 나름대로의 의상을 고안했으나, 색상을 정하지는 않았다.[18] 14세기에 의상규정이 정비된 후 학생들은 후드가 달리고 소매가 없는 망토 같은 상의를 입었다. 이때에도 파리 대학의 학생들은 영국의 옥스퍼드 대학처럼 검은색의 옷을 입도록 했다.

15세기에 이르러서는 이들의 옷이 일반인들의 의상에서 영향을 받아 후드나 사각모, 테 없는 모자(bonnits), 견장, 스카프 등을 사용하여 보다 화려하고 다양해졌다. 중세 말에 이르러서는 각 학부가 나름대로 구별된 형태와 색깔의 옷을 입게 되었다. 신학자들의 경우 파리 대학, 옥스퍼드 대학, 케임브리지 대학은 검은색, 살라망카 대학과 코임브라 대학 등에서는 백색으로 된 의상을 입었다. 각 학부의 특색을 타나내기 위해 의학부는 황록색이나 선홍색, 인문학부는 청색, 법학부는 주홍색, 볼로냐의 경우는 주홍색에 흰색을 두른 의상을 입었는데 길이는 발목까지 내려왔고 소매는 팔꿈치까지 내려졌다.

학감과 교육자들은 학위복을 입고 사각모를 썼다. 이러한 관례는 오늘날 영국의 옥스퍼드 대학과 케임브리지 대학에서 교수가 학위복을 입고 강의하며, 학생들도 시험을 볼 때나 공식행사 또는 저녁식사 모임에서 이것을 정장으로 입는 것에서도 볼 수 있다. 프랑스에서는 앙리 4세 때 학생들의 의상에 관한 규정이 다시 강화되어 행사는 물론 강의에 참여하는 등의 모든 경우에 대학생의 복장을 착용토록 했다.

비그리(Jean de Viguerie) 교수의 말과 같이 일반적으로 파리 대학 콜레주의 학생들은 수도원에서처럼 허리띠가 매달린 긴 유니폼의 교복을 입었다. 교복의 색은 콜레주마다 다양했다. 17세기에 이르러서 교복은 장학생과 기숙사 학생들의 전유물이 되었다. 콜레주 드 보베(Collège de Beauvais)의 장학생들은 청색 또는 보라색으로 된 교복을 1666년까지 입었다. 그해 파리 고등법원은 학생들에게 검정색 교복을 입도록 결정했으며, 그것은 앙시앙 레짐 말기까지 계속되었다. 파리의 모든 콜레주에서는 1789년 프랑스 혁명 때까지 장학생들에게 검정색 교복을 입도록 했고 기숙사의 팜플렛을 통해 학부모들에게 교복의 소재와 색깔을 알려주었다. 교복은 생활지도에 있어 편의를 가져왔을 뿐 아니라 학생들에게는 외형적인 통일미 및 일반인과 구별되는 품위와 신선함을 부여했다. 또한 학생들은 자긍심과 더불어 학생이라는 동료의식을 갖게 되었고, 시민들은 그들을 일반인과 구별하여 인식할 수 있었다.

각 학교들은 교복을 통해 각자의 특색을 나타내고 싶어했고, 보다 고급 옷감이나 비싼 가격으로 교복을 만들어 입고자 하는 학생들도 있었다. 하지만 생활형편이 어려운 학생은 반대로 보다 저렴한 가격으로 교복을 입으려 했다. 예를 들어, 1776년에 콜레주 드 생 오메르는 한쪽 면에 광택을 낸 것과 같은 칼라망드의 감청색 교복을 요구했다. 이 교복들은 콜레주에서 만들어졌으며, 가격은 단지 6리브르밖에 되지 않았다.

비록 학생들이 통일된 복장을 했다 하더라도 파리 대학 캠퍼스 내에서의 복장은 교수, 학생, 직원, 방문객들이 모두 달라 각양각색이었다. 한때 인문학교수들은 강의 시 발목까지 내려오는 검정색 원통의 긴 망토를 입고, 장식이 없고 앞이 뾰족하지 않은 평범한 구두를 신어야 했다. 신학교수에게는 특별한 제한이 없었으나 관행적으로 성직자의 일반복장을 그대로 입게 한 것 같다. 그러나 평소와 달리 행사 때는 또 다른 모습을 볼 수 있었다.

한편 졸업의식은 엄숙했는데, 졸업생들은 현대 프랑스에서 '견장'이라고 하는 일종의 장식물을 왼쪽 어깨 위에 두른 것과 같은 제복을 입고 졸업식장에 참석했다. 따라서 졸업식장은 학생들의 통일된 복장으로 화려하고 질서 있었으며, 축하하는 가족과 귀빈들의 화려한 복장은 파티장을 방불케 했다.

대학의 고위관리들은 매우 고상하고 멋있게 차려 입을 수 있는 특권을 누리고 있었다. 일례로 학장에게는 보라색과 흰색 모피로 된 화려한 예복이 배정되었던 것과 같이, 직책에 따라 복장의 형태와 색상이 다양했다. 따라서 교수와 학생들의 의상은 현저하게 구별되었으며, 보직교수와 일반교수의 의상도 달라 한편으로는 성층사회 즉, 계급사회에서 신분에 대한 자부심을 갖게 했고, 다른 한편으로는 선망과 위압감을 느끼게 했다. 그러므로 얼핏 보기에는 외형적으로 통일성이 있고 평등한 캠퍼스의 분위기 같았지만, 실제 파리 대학의 내부에는 갖가지 불평등과 불만의 요소가 많았다 할 수 있다.

학생들의 불만과 충돌

사실 파리 대학은 대학 자체의 문제성보다 유럽 각국에서 몰려온 학생들로 인해 그들 내에서의 문제가 더욱 많았다. 그것은 파리 대학의 교양학부가 동향적 성격이 강한 4개의 '동향단'으로 구성되어 각양각색의 학생들로 구성되어 있었기 때문이었다. 부모와 멀리 떨어져 있는 학생들의 외롭고 힘든 감정 상태, 가정교육의 부재로 발생하는 심리적 충돌과 사건은 대학을 불안하게까지 했다. 게다가 교황과 왕이 경쟁적으로 학생들에게 특전을 베풀고 있어 학생들이 기고만장하는 사태에 이르자 사실상 통제가 어려울 때가 많았다. 예를 들면 1228년의 어느 카니발 기간에 한 선술집에서 술주정으로 일어난 일련의 소동은, 당시 섭정왕인 블랑슈 드 카스티유가 개입할 정도로까지 사태가 확대되었다. 그녀는 학생들의 난동이 심각하자 수도권 경비사령관과 병사들을 동원하여 학생들을 진압했는데, 이 과정에서 일부 학생들이 피살되고 부상당하는 사태가 벌어졌다.[19] 이 사건으로 교수들은 항의와 더불어 강의를 중지시켰고, 부활절의 월요일까지 응분의 조치가 없을 경우 1개월 내에 도시를 떠나 6년 동안 대학을 비우겠다는 결의를 했다. 그러자 루이 9세와 교황 그레고리우스 9세가 사태를 무마하기 위해 나섰다. 1229년 루이 9세는 할아버지였던 필리프 2세가 대학에 허락했던 특전을 재차 확인했다. 그러나 학생들은 거의 2년 동안 파리로 돌아오지 않았다. 이에 교황 그레고리우스 9세는 그해 4월 13일에 '학문의 근원(Prens Scientiarum)'이라는 교서를 발표해 총장의 사법권을 거두고 지방 교회당국으로부터의 독립적인 특전을 대학에 부여했다. 결과적으로 학생과 교수들의 그러한 투쟁은 대학이 법인체로 인정받고 자율성을 확보하는 중요한 계기가 되었던 것이다.

학생들은 신입생이나 재학생 거의 모두가 난폭했다. 심지어 콜레주 드 보베에서 '성자들의 생애'에 대한 강의 시간에 장학생들이 상스러운 노래를 불러 소란스런 분위기를 조장하였고, 이것을 바로잡기 위해 출동한 수위를 폭행하기까지 했다. 콜레주 밖에서의 풍기는 더더욱 문란했다. 학생들은 방종에 가까울 정도의 상당한 자유를 향유하면서 대학의 규정도 잘 지키지 않고 교회와 당국의 권위에도 거의 복종하지 않았다.

문제를 일으킨 학생들에는 교양학부 학생들뿐 아니라 다수의 졸업생과 상급학부 과정의 학생들도 포함되어 있어 학감도 적극적인 입장을 취하지 못하는 경우가 많았다. 많은 규정들이 다시금 제정되고 무기소지도 금지되었으나 별로 성과를 거두지 못했다. 학장은 학생 소유의 무기들을 몰수하여 학기말에 학생들이 집으로 돌아갈 때까지 돌려주지 않았다. 펜싱교수도 파리교외에 거주하는 것이 금지되었고 수업 중에는 펜싱검을 모두 수거했으며, 여관주인은 겨울에는 오후 7시, 여름에는 오후 8시까지만 학생들을 받을 수 있도록 했다.

대학이 겪었던 슬픈 소요는 1557년 최고조에 달했다. 수도원의 제한규정을 무시하고 그해 5월 12일 일단의 학생들이 프레 오 클레르크에 강제로 침입하여 충돌을 벌였을 때, 이웃집에서부터 번진 불에 학생들이 화상을 입었고 명문가의 젊은 브르타뉴 출신 학생이 죽었다. 학생들과 수도원, 양측의 사상자가 적지 않은 가운데 학생들이 운집했고 학생들은 세 채의 집을 불태웠다. 이에 고등법원이 학생들을 대학 밖으로 나가지 못하도록 명령하자, 학내 거주학생들을 대신한 통학생들의 소요가 계속되었다. 이 과정에서 세례파 교인 코카트르(Coquatre ou Crococzoo)라는 학생이 사형선고를 받고 교수형을 당했다. 학생들은 복수심에 불타 콜레주의 벽에 격렬한 내용을 담은 플래카드를 붙이고 폭력을 저지하기 위해 보내진 화승총수들에게 화풀이를 했다.

다급해진 학장은 흥분하여 앙리 2세에게 학생들의 폭동진압에 최선을 다하겠다는 약속을 하였다. 그러나 일 주일 후 학생들이 경찰관을 죽이는 사건까지 벌어지자, 그때까지 라 페르앙 타르드느와에 있던 왕은 범죄를 저지른 학생들에게 '영원히 기억될 만한 아주 혹독하고 견디기 힘든 벌'을 내리라는 공문을 대학에 발송했다.

왕의 명령에 대해 10명의 대표자들이 면담자로 지명되어 왕을 방문했다. 그들은 고상한 말로 왕은 훌륭하며 선량하다고 칭송하면서 몇 명의 방종하고 선동적인 학생들의 무질서한 행동을 대학의 책임으로 전가하지 않기를 간청했다. 그리고 그들은 '왕의 장녀인 대학'이 많은 노력을 했는데도 불구하고 혼자의 힘으로는 그것을 고칠 수 없다는 괴로움을 표시했다.[20]

앙리 2세는 약 200명의 병사들을 대학지구에 파견, 진을 치게 하였는데 이는 학생들이 프레 오 클레르크에 가는 것을 금지하기 위한 것이었다. 그리고 모든 학생들을 일단 콜레주의

숙사에 수용하라는 칙령을 내렸다. 문제를 일으키는 학생은 파리에서 추방되며, '명매기 martinet'(철새의 종류인 '칼새'라는 뜻으로, 학생신분을 유지하기 위해 청강생처럼 떠도는 학생을 지칭함)든 통학생이든 모두 통학은 중지되었다. 왕의 명령을 공포하는 민사대리관들은 나르본, 바이외, 쥐스티스 등의 콜레주를 순회하는 과정에서 학생들로부터 돌세례를 받았고, 민사대리관 중 하나였던 샤틀레(Châtelet)는 13명의 학생들을 끌어냈다. 왕으로부터 특수임무를 부여받은 대리인들이 여전히 왕에게 자비를 베풀도록 청원한 결과 학생들은 며칠 후 석방되었다. 그러나 캠퍼스의 혼란과 무질서를 해결하기 위해서는 어떤 실제적인 노력이 필요했기 때문에, 왕은 각 기관의 대표자들과 심사숙고하여 협의한 끝에 위원을 임명하고 학생들의 동태보고서를 작성하도록 했다.

한편 학생들은 교수임명과 강의선택에 대한 불만도 많았다. 파리 대학에서 자율성이 확보될 무렵인 13세기 중반에 이르러 탁발교단 출신의 교수직들이 문제로 대두되었다. 이전에는 파리 대학의 12명의 신학교수 중 3명이 탁발교단 소속이었으나, 1254년에 이르러서는 15명의 교수 중 재속교수 3명, 참사회 출신 교수 3명을 제외한 나머지 9명이 모두 탁발교단의 소속이었으므로 교수들 간의 긴장과 경쟁은 고조되었다.

1360년, 일반 대학들에서도 교황의 교서에 의한 신학학위 수여가 인정됨에 따라 그 전까지 그것을 독점하던 파리 대학의 위상이 흔들렸다. 게다가 파리 대학에서 금지된 아리스토텔레스의 자연철학의 저작이 툴루즈 대학에서는 자유로이 교수되자 상대적으로 파리 대학에 대한 학생들의 인기는 줄어들었다. 그 밖에 오를레앙 대학(1235), 앙제 대학(1250)이 교수와 학생들에 의해 '자연발생적으로' 설립됨에 따라 파리 대학의 권위는 점차 약화되었다.

사실 탁발교단 출신 교수들은 굳이 파리 대학의 신학부가 아니더라도 초등에서 고등교육에 이르기까지 각 지역에 설립된 교단소속의 학교에서 교수직을 얻을 수가 있었다. 그러므로 가장 위협을 받았던 것은 신학교를 나오지 않은 재속교수들이었는데, 이들의 신경을 더욱 곤두세우게 했던 것은 학생들이 탁발교단 교수들을 선호한다는 점이었다. 게다가 1250년 5월 30일에 인노켄티우스 4세(r.1243~1254)는 교수자격의 요청 여부와 관계 없이 성직자들에게 교수자격을 수여하라는 서한을 대학에 보내 재속교수들을 더욱 불안하게 했다.

그러나 알렉산더 4세의 뒤를 이은 우르바누스 4세(r.1261~1264)는 대학에 대해 상당히 호의적이었으며 탁발교단 교수들이 대학의 학칙을 준수하도록 했다. 이에 그동안 탁발교단 교수들과의 분쟁과정에서 억눌리고 소외당한 인문학부 교수들이 더욱 단결하여 대학의 주도적 역할을 함으로써, 학생들은 신학 위주의 교육에서 다소 벗어나 인문학 강의에 귀를 기울일 수가 있었다. 장기간에 걸친 교황과 탁발교단과의 유착은 대학과 교황의 관계가 멀어지는 요인을 제공했지만, 그러한 기회를 이용해서 인문학 교수와 학생들은 프랑스에서 '민족적

교회'로 독립하는 의식을 대학에 불러일으켰던 것이다.

지나친 행사와 촌지 비리

파리 대학의 많은 콜레주는 가난한 학생들을 위해 무상교육을 한다는 설립자의 의도를 분명히 반영하고 있었다. 그러나 세월이 흐름에 따라 창립자나 자선사업가의 본래의 의도는 사라지고 돈을 지불할 수 있는 하숙생들이 콜레주에서 환영받는 상황이 되었다.

그러므로 가난한 학생들은 무상교육은 고사하고 학위를 얻는 데 부수적인 비용을 많이 부담했고, 게다가 학감에게 바쳐야 하는 정기적인 선물로 스트레스가 이만저만이 아니었다. 철학 과정을 이수하기 위해 일 년 동안 드는 비용은 4~5에퀴(écus)로 규정되었지만 17세기 중기에 이르러서는 8에퀴 이상으로 증액되었다. 문학 석사학위를 받는 데 지출되는 경비는 56리브르 13솔(sols)이었지만 전문 과정의 경비는 훨씬 많이 들어서 의학 박사학위를 취득하려면 881리브르 5솔 정도, 신학 박사학위를 얻으려면 이보다 더 많은 1,002리브르의 비용을 지불해야 했다.

교양학부의 학생들은 1년에 3차례, 대학과 교수들에게 관례적으로 선물을 바쳤다. 첫 번째는 학년 초에 '바람을 막기 위해 창문에 걸어 놓은 발'을 구입하기 위한 명목으로 바치는 1에퀴였다. 두 번째로 성 레미지우스(St. Remigius) 축제를 비롯한 각종 행사 때마다 3~4에퀴를 다시 바쳐야 했다. 성촉절에 학생들은 하얀 양초 끝에 매단 돈을 감쪽같이 감추어 학감에게 드려야 했다. 학감은 학생들이 양초를 바치는 정성보다는 그 끝에 달린 돈에 관심이 있었다. 돈을 그렇게 바친다는 것은 누구나 알고 있었던 사실이었으며, 아주 가난한 학생들을 제외하고는 그다지 그것을 부담스럽게 생각하지 않았다.

세 번째는 '사례금(landi, lendi)'이나 '기부금'이었다. 이것은 가장 큰 강제징수금이었고 파리 대학에 대한 기록에서도 자주 등장하는 것으로, 주로 성 드니(St. Denis) 축제 때 바치는 것이었다. 학생들은 각자 차례로 유리잔에 넣은 레몬 속에 6~7에퀴를 숨겨 학감에게 바쳤다. 그러나 가난한 학생들은 이러한 선물을 바칠 길이 없었고, 계속되는 잡부금과 '사례금'을 내지 못하는 학생들에게 이것은 여간 고민이 아니었다. 사례금을 바치지 못한 학생에게는 '사례금 손상자 frippe-lendi'라는 꼬리표가 붙여졌는데, 이러한 꼬리표는 정말 참기 힘든 것이었다. 그것은 '기부금'의 경우에도 마찬가지였다.

이처럼 학생들은 입학에서부터 졸업할 때까지 축제, 오락 등을 포함하여 각종 잡부금에 시달리는 경우가 많았다. 특히 정성을 들여야 하는 의식에는 많은 돈이 들어갔으므로 가난한 학생들은 매우 부담스러운 대학생활을 해야 했다. 때로는 '사례금'과 '기부금'이 부담되어 학업을 포기한 학생도 있었다.

학교나 교수들에게 바치는 '사례금'이나 잡부금 이외에 시험을 둘러싼 뒷거래도 적지 않게 행해졌던 것을 볼 수 있다. 소르봉은 그가 설립한 콜레주의 학생들에게 행한 유머 섞인 설교에서 교양학부의 시험을 최후의 심판으로 비유하고, '대학의 심판자들은 천국의 심판자들보다도 훨씬 엄격하다'라고 말했다지만, 그 시험을 둘러싸고 수험생과 교사 사이에서는 뒷거래가 관행처럼 행해져 시험에 불합격하는 경우가 매우 드물었다고 한다. 특히 부유층 학생들이 불합격되는 경우는 거의 없었던 것으로 전해진다.

시험이나 학위 취득을 위한 촌지 비리는 교양학부보다 상급학부인 신학부, 법학부, 의학부에서 더욱 심했다. 의학부 학생들은 의학과 병리학 관련시험뿐 아니라 진찰 기술시험과 토론을 평가하는 의사들에게도 사례금을 지불했다. 대학의 촌지와 비리는 비단 학생과 교수 사이에만 있었던 것이 아니라, 대학 당국과 국왕 사이에도 있었다. 매년 2월 2일 '성촉절'에 총장과 교수단들은 매년 베르사유에 가서 성촉을 위한 초와 함께 포도주, 초콜릿, 커피 등 많은 선물을 건네주었다.

물론 대학의 선물이나 사례는 확실히 감사하는 마음의 표시이며, 주고받는 사람 사이에 아름다운 마음을 열 수 있는 열쇠가 되기도 했다. 18세기 이전까지 왕과 교황으로부터 특전을 많이 받았고, 교회처럼 독립적으로 운영되는 '작은 도시'와 같으며, 교수와 학생들이 비교적 평등한 관계에서 학문에 정진한 것으로 보이는 파리 대학의 경우에는 더욱 그렇게 생각할 수 있다. 그러나 '과공이 비례'라는 말처럼 그 속에서 불평과 갖가지 비리와 부정이 판을 치고 있었다는 사실을 부인할 수는 없다. 이러한 사실은 결국 파리 대학에 대한 불신을 키웠고, 결과적으로 많은 지방대학이 설립되는 계기가 되었다.

도서관의 건립과 연구여건

소르본 도서관의 설립과 발전

콜레주 드 소르본의 도서관이 건립되기 이전에 '책을 보관하는 장소'라는 뜻으로의 '도서관'은 이미 메소포타미아와 이집트에도 있었다. 여기에는 점토판이나 파피루스 문서들이 보관되어 있었다. 이 외에 기원전 7세기경 니네베 궁정의 도서관, 카르낙 도서관, 그리고 기원전 1세기에 70만 권의 장서를 가지고 있던 알렉산드리아 도서관이 있었다. 또한 로마의 아우구스투스 황제는 옥타비아누스 도서관과 팔라티누스 도서관, 트라야누스 황제는 울피아스 도서관을 세웠으므로 콜레주드 소르본의 도서관은 사실 신기할 것이 없다. 게다가 유럽의 중세에는 그 수를 헤아리기는 어렵지만 수도원에도 도서관이 설립되었고, 왕이나 지체 높은 귀족들의 개인 도서관도 상당히 많았다.

그러나 프랑스에서는 콜레주 드 소르본이 설립되었을 때, 책은 여전히 귀하고 대단히 고가였으며 학생들은 책을 가질 수가 없었다. 학생들은 거의 모두 강의시간에 교수로부터 듣는 것으로 만족해야 했고, 종이가 없어 받아적기도 어려웠다. 1271년부터 대부분의 학교에서는 수도원학교 교장들이 했던 것처럼 학생들이 책을 볼 수 있도록 장서를 갖추려고 노력했다. 특히 로베르 드 소르봉은 책을 좋아해서 도서관을 설립하고 신학에 필요한 책들을 콜레주 드 소르본에 정성들여 수집했다.[21]

로베르 소르봉이 수집한 책들을 콜레주 드 소르본의 도서관에 장서하고 문을 연 것은 1290년경이었으며, 이 당시 책은 모두 1,017권이었다. 그리고 약 반세기 후에 도서관의 책은 1,720권으로 늘어났다. 이 책들은 대부분 기증받은 것이었으며, 두 가지 방법으로 분류되어 있었다. 하나는 '큰 서고 magna librarie'에 장서하는 방법으로, 이 곳에는 가장 유용하고 많이 이용하는 서적들을 장서했다. 여기에서 쇠줄에 매 놓은 책들은 특별한 경우 이외는 출고될 수 없었다. 1321년에는 법령으로 각 분야의 공동체가 소유하고 있는 가장 귀중한 책들을 '큰 서고'에 쇠줄로 매어 놓도록 명령했다. 두 가지 분류 방법 중 다른 하나는 '작은 서고 parva libraria'에 장서하는 것으로, 복사본과 드물게 열람되는 서적들이 이에 해당됐다.

도서관에 들어간 서적들은 다음과 같은 조건으로 대출되었다. 책이 서고에 유입된 다음해, 각 권의 맨 마지막에는 입고시기를 기록했다. 1,117권의 장서 중 『장미 이야기 *Le Roman de la Rose*』 한 권만이 프랑스어로 되었고 나머지는 라틴어가 주를 이루었다. 도서관이 설립된 2년 후 1292년에 수집된 도서 비용은 모두 3,812리브르 10수 8드니였다.

도서관에 기증된 책들은 거의 모두 신학에 관계된 것이었다. 로베르 드 두애(Robert de Douai)가 소르본의 설립자의 유언집행자로 임명되었던 것과 그가 콜레주에 유증한 1,500리브르는 모두 신학에 관한 논문, 성서, 신부들의 주해집과 저서들이었다. 그 밖에 니캐스 드 라 플랑사, 장 드 공드리쿠르, 니콜라 드 브리니, 그리고 1334년에는 장 크리스토스 교회 신부 장 드 로잔 등이 서적을 유증했다.

1343년, 질 두드나르드가 귀중한 '기증 서고 Maison des libéralités'를 만들었고, 1354년에 신학박사 제르맹 드 나르본과 의학박사 에티엔 세갱이 몇 권의 책을 기증했는데, 이것들은 현재 국립고문서보관소(Archives Nationales)에 소장되어 있다. 소르본 도서관의 '사서 docteurs'들은 항상 도서관에 들어온 책의 첫 장이나 혹은 각권의 끝에 그 책의 가격과 기증자의 이름을 기록했다. 1402년부터 1530년까지 작성된 소르본의 장서목록은 마자랭 도서관에서 찾아볼 수 있는데, 이것으로 소르본의 장서와 그 기증자들을 알 수 있다.

성 앙브르와즈가 『누가복음의 주해』에서 말한 바와 같이 두 세기 동안 소르본니스트들은 지극 정성을 다해 도서관을 보살피면서 책을 모았다. 이때 끊임없이 기증된 책과, 모아진 많은 기금으로 수사본을 제작하여 도서관은 연구여건을 갖추기 시작했다.

1338년에 소르본 도서관은 두 가지로 나누어진 새로운 도서목록을 작성했다. 하나는 223페이지의 2절판 책으로, 그것은 1,090권의 책을 자세히 알 수 있게 했고 거의 작은 서고에 보관된 책들이었으며 신학에 관한 책을 가장 첫머리에 기록한 것이다. 다른 하나는 대략 330권에 대한 도서목록이었는데, 그 첫머리에는 '지침서'라는 긴 서문이 들어 있다. 큰 도서관에 매어 놓은 그 도서목록은 구성원들 모두에게 유용하게 이용될 수 있도록 콜레주 드 소르본에 제공되었다. 도서목록의 작성자는 중세 대학의 7과목 중 문법, 논리, 수사 등 3과목으로 시작해서 산술, 기하, 천문, 음악 등 4과목과 더불어 물리, 연금술, 지리, 의학 등의 순서로 서적을 정리했다.

얼마 후 콜레주 드 소르본 도서관의 책은 약 1,700권이 되었으며, 이들은 59개의 부분으로 나뉘어 정리되었다. 이들 중 330권이 큰 도서관에 매어 있었고 1,090권이 작은 도서관에 소장되고 300권은 대출, 분실, 유실되었다. 이때까지도 프랑스어로 된 책은 단지 4권만이 도서목록에 등재되었던 것으로 보아 학문세계에서 여전히 프랑스어는 인정을 받지 못하고 있었다는 것을 알 수 있다.

한편 프랑스에서는 12세기 말에 종이가 출현하고 15세기에 인쇄술이 도입됨에 따라 도서관이 더욱 발전하고 연구여건도 좋아졌다. 12세기 말의 종이는 헌옷을 반죽하여 만든 것으로 책과 교육의 보급에 기여하였고 당시의 도서관은 그런 종류의 책을 몇백 권 소유하게 되었지만, 새로운 발명이 그렇게 신속하게 널리 퍼져나가지는 못했다. 당시 천은 귀했고, 그래서 종이는 아주 비싼 물건이었기 때문이다.

14세기부터 내복착용이 일반화되자 그제서야 낡은 천이 많아지고 따라서 종이값도 내려갔다.[22] 그러므로 프랑스에 12세기에 이르러 종이가 출현했다고 하더라도, 학교에서 그것을 실제적으로 사용한 것은 그 다음 세기, 즉 14세기인 것이다. 제지법이 서양에 들어온 것은 12세기경 아랍인들이 점령한 때부터였지만 1270년경 이탈리아, 1340년경 프랑스, 1390년경 독일, 1410년경 스위스에 각각 그것이 전달되었다는 점에서 지역에 따라 유입 시기에 상당한 차이가 있었음을 알 수 있다.

종이를 사용한 인쇄문화가 시작된 것은 1434년 독일의 구텐베르크가 스트라스부르크에서 활자인쇄기를 만들고, 1450년 마인쯔로 돌아와 푸스트(Fust)와 함께 인쇄소를 차림으로써 시작되었다. 그러므로 구텐베르크에 의해 인쇄술이 발명되기 이전의 파리 대학은 결코 큰 규모의 도서관을 생각할 수가 없었고, 오늘날에 비해 지극히 적은 수의 필사본이 소장되어 있었다. 소르본에 대한 루터의 증언에 의하면 가장 오래된 책은 1457년에 구텐베르크, 푸스트, 쉐퍼에 의해 제작된 『마인쯔의 시편 Le Psautier de Mayence』이다. 그러나 그 후 12년이 지나는 동안에도 프랑스에는 어떤 인쇄설비도 없었다.

그렇다면 소르본에는 어떻게 인쇄소를 설치하게 되었을까? 인쇄소에 대한 소식이 자연스럽게 파리에 흘러들어왔을 때, 왕 샤를르(r.1422~1461) 7세는 인쇄술의 중요성을 신속하게 알아차렸다. 인쇄소가 설립되기 이전 프랑스에서는 정말로 특별한 사람들이 아르스날 도서관에 소장된 귀중한 수사본을 읽을 정도였다.

그리하여 프랑스에서는 1470년 게링, 프리버거, 크란쯔 등 세 명의 구텐베르크 조합원을 파리에 초청함으로써 인쇄술이 처음 소개되었다. 드디어 1470년 장 엥랭에 의해 출판된 잡지 『가스파리오 드 베르감의 편지 *Lettres de Gasparino de Bergame*』가 파리에서 인쇄되었고, 그것이 프랑스에서 최초로 인쇄된 책이었다. 이때 파리 시에 의해 3명의 마인쯔의 인쇄업자들이 '시신(詩神)의 보호자 Protectrice des Muses'로 찬사를 받았다.[23]

그리고 이들은 1473년경, 콜레주 드 소르본의 인쇄소에 실습생으로 채용되었고, 그들로부터 인쇄 신기술의 신비함을 전수받은 파리 대학의 두 학생, 즉 캐자리(Petrus Cæsaris)와 스톨(Allemand Johann Stoll)은 후일 독립하여 인쇄소를 차렸다. 그들은 생 자크 가의 위쪽에 있는 프래르 프레쇠르 수도원 근처에 '수플레 베르 Soufflet Vert'라는 개인 인쇄소를 열었다. 결국 구텐베르크의 인쇄술이 콜레주 드 소르본에 인쇄소를 설립하게 했고, 이 덕분에 18세기 이후 많은 책이 출판됨에 따라 소르본의 교수와 연구여건은 풍요해졌다.

소르본 도서관은 리슐리외가 콜레주 드 소르본의 교장이 되면서 장족의 발전을 이룩했다. 그는 1628년에 매입한 대학의 서편부지에 새로운 도서관 건립을 추진했는데, 그것은 1642년 리슐리외가 죽은 후에 대단히 빨리 진척되었다. 리슐리외의 기부금으로 콜레주 드 소르본의 동쪽에 건립된 이 도서관은 1647년에 완공되었다. 노트르담 성당의 성가대원이었던 미셸 르 말르 지사는 많은 책을 콜레주 드 소르본 도서관에 기증했다. 리슐리외와 그의 비서관 그리고 미셸 르 말 등이 소장하고 있던 자신의 책을 도서관에 기증함으로써 도서관의 정비가 시급해졌다. 도서관은 1647년경, 상송 르 틀리에라고 하는 파리의 한 화가에게 재정비 작업을 부탁했고, 그의 작업으로 도서관은 천장의 돔을 비롯한 아름다운 장식과 함께 재탄생하였다.

그러나 1660~1680년에 있었던 프랑스의 경제적 위기와 함께 도서관에도 위기가 닥쳤다. 이 기간 동안 프랑스는 세계무역에 순조롭게 편승하지 못했고 이것은 곧 화폐의 부족, 물가의 하락, 그리고 수공업의 침체까지 이어졌다. 도시의 경제침체는 차츰 일반화되었으며 국가재정에까지 파급되기에 이르렀다. 게다가 얀세니스트들과 예수회 사이에서 신학과 윤리에 관한 논쟁까지 격렬하게 벌어졌던 1643년부터 1668년까지가 프랑스에게는 말 그대로 '고난의 시대'였다.

경제불황으로 도서관에 책과 도서기금이 기증되는 양이 현저하게 줄어들자 1681년, 도서관은 무용한 책들의 판매를 시행했다. 그 작업은 비공개적으로 시행되어야 하고, 그것으로 벌어들인 돈은 다른 책들의 구입에 써야 한다는 명령까지 내려졌다. 그러나 결과는 도서관을 만족스럽게 하지 못했다. 왜냐하면 1691년 12월에도 도서관의 책들은 판매하는 것이 아니라 여전히 양도하는 것으로 되어 있었고, 그것은 게시판에만 공고되었기 때문이다.

도서관은 망가지려는 몇 권의 책 표지 위에 리슐리외 추기경의 문장을 붙이는, 아주 생소하고 조잡한 작업을 하기도 했다. 또한 추기경 가문의 문장을 없애지 말고 다른 책들에도 같은 방법으로 가문을 찍도록 명령하기도 했는데, 이것은 아마도 도서관을 건축하고 많은 책들을 기증한 리슐리외를 기념하려 했던 것으로 풀이된다.

18세기 계몽주의 시대와 함께 출판의 시대가 열리자 소르본의 도서관은 도처에서 대단히 많은 책을 받았다. 그중 도서관의 조합원이었던 니콜라 프티 피에는 회귀하고 고가인 책을 소르본에 여러 권 기증했다. 1713년부터 1715년까지 도서관의 서적 구입비는 2,621리브르 8수 6드니에로 증가했다. 1,000리브르는 콜레주의 재무관 브릴롱이 사서에게 돌려준 것이었고 나머지는 책의 판매로 수입을 증가시킨 것이었다. 그 책들 중에는 쉬빌리에에 의해 발간된 『출판의 역사 *Histoire de l'imprimerie*』도 들어 있다.

이처럼 대학 도서관은 발전하고 18세기에는 살롱에서 지식인과 전통사회의 엘리트들이 만나서 공동으로 독서와 토론을 했던 반면, 2천7백만 명의 프랑스 국민들 중 절반 이상은 프랑스 혁명이 일어났던 무렵까지 글을 알지 못했다. 즉, 대학의 도서관은 오늘날과 같이 시민들에게 개방되었다기보다는 지식인이나 연구자들로 그 이용자가 제한되어 있었던 것이다.

도서관의 이용 규정과 연구 여건

콜레주 드 소르본의 도서관 규정은 1321년 간략하게 정해졌으나 그 내용은 엄격했다. 문제는 외부에 책을 대여하는 것이었다. 책을 대여할 경우 책값보다 많은 돈의 저당을 요구했는데, 보관하기 용이한 금, 은 또는 다른 서적을 요구했다. 일단 수속이 완료된 책은 '조합원'뿐만 아니라 외부인에게 대여될 수 있었다. 또 다른 문제는 큰 서고 또는 공동 서고에 책을 매어 놓기 위해 각 전공별로 분류하고 선별하는 것이었다. 책을 선별할 때 학생들의 노트, 보고서, 이전의 선서문 등 가치가 없거나 장정이 되지 않은 것들은 판매, 기증, 교환하기로 결정되었다.

도서관 직원은 소르보니스트들에 의해 선출되었는데, 그들 누구에게도 열쇠는 맡겨지지 않았고, 그들은 근무 중에 분실된 책, 망가진 책에 대해 책임을 지는 사람들일 뿐이었다. 그러므로 알프레 플랑클랭(Alfred Franklin)의 말과 같이 그들에게 붙여진 '학예연구원 conservateurs'이라는 이름은 무의미한 것에 불과했다.

도서관의 출입규정은 1426년에도 정해진 바가 있으나 1483년 말에 체계적으로 보완되었고, 다시 1676년 말에 수정되었다. 여기에서는 우선 모두 13개 조항으로 된 1483년 말의 규정을 분석하고자 한다.

첫째, 도서관의 출입자와 복장에 관한 규정이다. 조합의 어떤 회원도 제복과 모자를 착용하지 않으면 도서관에 들어갈 수 없었고(제1조), 어린 아이들과 문맹자는 도서관 출입이 금지되었다(제2조). 즉, 당시의 도서관 출입은 상당히 제한적이었으며, 이른바 의관을 갖추어야 가능했던 것이다. 따라서 사회에서 존경받고 교육받은 사람이 도서관에 들어가고자 한다면 '조합원' 중의 한 사람이 안내까지 해야 했지만, 그들의 수행원들은 문 밖에서 기다려야 했다(제3조). 이처럼 당시 도서관은 출입이 가능한 사람과 불가능한 사람이 엄격하게 구분되었는데, 그것을 식별하는 자세한 방법에 대해서는 언급되어 있지 않다.

둘째, 도서관의 관리에 관한 사항이다. 도서관의 직원은 도서관의 열쇠를 조심스럽게 간수해야 하며, 어떤 사람에게도 그것을 빌려주는 것이 금지되었다(제4조). 그리고 어느 때를 막론하고 도서관에 불을 가져오거나 빛이 들어오게 해서는 안 되었다(제5조).

셋째, 출판물, 즉 도서의 관리에 대한 내용이다. 조합(Société)의 동의 없이는 어떤 책도 도서관에 반입할 수 없었다(제6조). 그리고 책을 볼 수 있게 책상 위에 올려놓기 전에 먼지부터 먼저 털어내야 했다. 책을 깨끗하게 사용한 후에는 원위치에 책을 덮은 채로 놓아야 했다(제7조). 또한 낙서나 어떤 삭제, 책장을 접는 것도 허용되지 않았다(제8조).

넷째, 도서관 출입자가 도서관 내에서 지켜야 할 내용이다. 사람들이 글을 쓰고 읽을 때에는, 대화를 하면서든지 걸어가면서든지 누구에게도 방해가 되는 행동을 해서는 안 되었다(제9조). 그리고 엄숙하고 성스러운 장소와 같이 도서관에서는 가능한 한 정숙을 유지해야 했다(제10조).

다섯째, 읽을 도서의 선정에 관한 내용이다. 교리에 문제가 있어 유죄선고를 받은 책과 위험스런 저서는 신학교수들에게만 제공되었다. 만약 필요한 논증이나 논쟁은, 도서관에 강력한 도움을 요청하지 않는 것이라면 삼가하도록 했다(제11조). 그러므로 교수는 순전히 호기심에 의해 책을 읽을 것이 아니라, 독설이 스며들지 않게 한다는 두려움으로 읽어야 한다(제12조)는 것이었다. 그럼에도 불구하고 만약 어떤 사람이 그렇게 한다면 질책을 받도록 하였다(제13조).

1483년에도 도서관은 특정한 신분의 사람들에게만 개방했고 책을 대단히 소중하게 여겼다. 도서관은 신성한 장소처럼 정숙한 분위기를 유지했으며 독서하는 사람에게 방해가 되지 않는 환경조성에 역점을 두었다. 또한 가톨릭 교리에 어긋난 책을 엄격히 규제했다.

르네상스 시대에 이르러 해외에서 많은 책들이 유입되었고, 인쇄술의 보급과 더불어 파리 대학에 설립된 인쇄소가 도서보급에 크게 기여했다. 장서의 증가에 따라 1676년 12월 31일에는 도서관의 출입규정이 12개 조항으로 개정되었다. 개정판은 이전의 규정보다 연구 분위기를 더욱 고조시키는 면으로 가다듬어졌는데, 몇 가지로 분류해 보면 다음과 같다.

첫째, 도서관 입실자의 복장이다. 제복과 사각모(bonnet carré)를 착용하지 않은 소르본 인은 누구를 막론하고 도서관에 들어가지 못했다. 그리고 도서관을 출입할 때 반드시 문을 닫는 데 유의해야 했다(제1조). 이전의 규정에 비해 도서관에 출입할 때 문을 닫는 것이 첨부된 것이다.

둘째, 도서관 출입자가 책을 볼 때 주의할 내용으로, 이것은 이전의 제7조와 8조에서 강조한 주의점을 좀더 구체적으로 정리한 것이었다. 책을 읽으면서 잉크, 연필, 혹은 붉은색 크레용 등으로 어떠한 줄을 그어도 안 되고, 절대로 책에 필기를 해서도, 어떤 책장도 접어서도, 책이 열려진 채로 잠시라도 놓아두어서도 안 되었다. 그리고 책의 먼지가 다른 책장에 달라붙지 않도록 조심해야 했다(제2조). 또한 책읽기를 그칠 때에는 책을 편 채로 두어서는 안 되고, 책을 책상 위나 창문 위 등 어떤 곳에 놓여진 책 위에 겹쳐 놓거나 어두운 구석에 놓아 두는 것도 금지되었다. 덧붙여 책은 서가에 있던 곳이나 명확한 장소에 놓아두어야 했다(제3조).

셋째, 도서관 입실자의 언행에 관한 내용이다. 도서관에서는 누구든지 조용히 해야 하고, 그래서 누구든지 도서관 안에서는 거닐거나 큰소리를 낼 수 없으며 열람자들이 큰소리로 말해서도 안 된다(제4조)는 것은 이전의 내용과 별로 달라진 것이 없다. 그러나 각자는 제대 앞에서 『성경 Les Saints Évangiles』 위에 손을 펴고 행한 선서를 상기해야 했다. 또한 실내에서든지 밖에서든지 잠시라도 도서관에 속한 것, 다시 말하면 책, 잉크스탠드, 사다리, 의자 등을 가져가서는 안 되고, 책의 낱장들과 큰 책들은 세심하게 다루어야 했다(제5조). 도서관의 기물 훼손에 대해 강조한 것으로 보아 아마도 그간에 도서관의 기물들이 많이 분실되었던 것 같다.

넷째, 도서관 직원들이 출입자들을 위해서 해야 할 내용이다. 문을 열어주는 '안내원 docteur'은 분별 없이 출입자들을 받아들이지 않도록 했다. 만약 그가 그들에게 도서관 입실을 허락했다면 그들과 동반해야 하고 하인들은 밖에 남아서 경비를 해야 하며 사람들의 목소리도, 방문객의 발자국 소리도 들리지 않게 해야 했다(제6조). 그리고 비록 하인이 그의 주인을 찾거나 또는 외부인이 조합원들 중의 누군가에게 뭔가 말할 것이 있다 할지라도 문을 지키는 사람은 그 하인도 외부인도 들여보낼 수 없었다. 열람자는 밖에서만 자신의 수행원들에게 말할 수 있었고(제7조), 또한 누군가 문을 두드릴 때 문을 열어주는 일은 그 도서관의 낮은 신분에게 맡겨졌다(제8조).

뿐만 아니라 드물게 있는 일이지만, 어떤 연구를 위한 외부인을 안내할 직원(조합원)은 그 외부인이 도서관을 떠날 때까지 수행해야 했다. 직원은 외부인이 서가에 접근하고, 책들을 만지거나 또는 책들의 위치를 바꾸지 못하게 한다. 직원은 책을 외부인에게 직접 건네주고, 그 책들을 그들의 위치에 다시 갖다 놓아야 했다. 또한 조합의 허가 없이 어떤 수사본을 갖다 놓는 것도 금지되었다(제9조).

다섯째, 도서관과 도서의 안전관리 및 훼손을 방지하기 위한 내용이다. 어떠한 구실로라도 도서관 안에 불을 가지고 들어오는 것은 허용되지 않았다(제10조). 도서관의 열쇠는 단지 조합원들만이 간수했는데 파리에서 멀리 떨어져 있는 사람, 장기간 여행을 하려는 사람들은 열쇠를 도서관에 맡겨야 한다. 그들이 여행 후 돌아오면 다시 그들에게 열쇠를 돌려주었다. 조합원은 자신의 열쇠관리권을 상실하는 고통을 받을지라도 심지어 '초청객'에게까지, 즉 어느 누구에게도 자신의 열쇠를 맡겨서는 안 되었다(제11조). 또한, 조합원들만이 책을 빌려 줄 수 있었다. 책을 빌리고자 하는 사람은 도서관에 인증서를 제출하고 책을 받아야 했는데, 조합원들은 책 속에 사진, 삽화 또는 판화들이 들어 있는지를 확인해야 한다. 그에게 책을 부탁한 사람은 이전에 책을 반납하지 않은 적이 없고 파리에 멀리 떨어져 있지 않아야 했다.

1531년 1월15일에, 도서관은 책을 관리하고 보존하다가 도서관의 규정을 어겼을 경우 벌금형을 내릴 것을 명령했다. 그 벌과금은 책을 펼쳐 놓은 채 나가버리는 것을 방지함과 동시에 장서의 청결, 도서관의 청소뿐만 아니라 도서관의 수리와 도서의 장정비에 사용되었다. 벌과금은 2월 12일에 있었던 회의에서 결정되었는데, 몇 가지를 소개하면 다음과 같다.

도서관에서는 외부인이 나가자마자 문을 닫아야 하는데, 그 때 만약 어떤 외부인이 그냥 남아 있다면 6드니에(deniers)의 벌과금을 받았다. 책을 펼쳐 놓은 채 자리를 떴다면 각권마다 6드니에의 벌과금을, 도서관 내에서 안내자에게 동의를 구하지 않고 외부인이 나갔을 경우에는 6드니에의 벌과금을 부과했다. 그리고 도서관에 사람이 아무도 없는데 문을 열어 놓은 채로 두는 경우에도 역시 벌과금을 지불해야 했다.

새로운 변화의 시도

라뮈(Petrus Ramus)의 개혁과 수난

라뮈는 1515년 피카르디의 퀴트라는 마을에서 출생했다. 그의 가문은 귀족출신이었으나 거듭된 전쟁과 소요로 가난한 생활을 면치 못하고 있었다. 생계를 꾸려나가기 위해 그의 조부는 부득이 숯 굽는 일을 했다. 라뮈는 8세부터 배움에 대한 열정을 가지고 있었으나 교양학부에 들어갈 연령이 되지 못했다. 또한 가정형편이 어려웠으므로 그가 할 수 있는 유일한 길은 학생감의 고용인이 되거나 대학 콜레주의 기숙생이 되는 것이었다.

라뮈는 12세에 콜레주 드 나바르 소속의 드 라 브로스(De la Brosse)라고 하는 '소학교 기숙생'의 개인 고용인이 되어 낮에는 드 라 브로스의 시중을 들고 밤에는 공부를 했다. 그는 정규 교양학부를 거쳐 수사학을 공부하고 콜레주 드 나바르의 '전 과정 개설' 교과과정을 이수하면서 아리스토텔레스를 연구했다.

대학시절 라뮈가 이처럼 아리스토텔레스에 깊은 관심을 두었던 것은 당시 몇몇 날카로운 철학자들이 있었지만 그들에게 마음이 끌리지 않았기 때문이다. 그는 콜레주 드 몽테귀의 나이 많은 학생 에라스무스(1466?~1536)의 영향을 받고 종교개혁에 대한 동요를 일으켰다. 그러나 1534년 교양학부는 입장을 분명히 밝히고 아리스토텔레스의 저서를 모든 철학연구의 표준이자 기본으로 했다. 그것은 『성서』가 신학의 기본이듯 아리스토텔레스의 저서가 과학과 철학의 표준으로 인정되고 있었기 때문이다. 세례요한이 유대인 세계에서 그러했듯이 아리스토텔레스는 이교도세계에서 기독교의 선구자로 불렸다.

연구를 계속하던 라뮈는 아리스토텔레스의 교의에 대한 회의가 생겼다. 바너드는 이에 대해 "뛰어나게 날카로운 지성, 진리에 대한 사랑, 연구에 대한 열정, 그리고 전통의 속박으로부터 자유로운 의식을 가진 젊은이가 아리스토텔레스의 교의에 대해 회의를 나타낸 것은 거의 놀랄 일이 아니다."라 했다.

라뮈의 목적은 실체를 발견하는 것이지 앞선 철학자들의 규범을 따르는 것이 아니었다. 그래서 그는 그의 영감을 소크라테스의 방법의 원리를 간직한 플라톤의 대화편에서 도출했다. 라뮈는 아리스토텔레스의 저서들이 대학에서 읽혀진 형태로 볼 때 상당 정도가 가짜일 것으로 판단했다.

철학 과정이 끝나고 라뮈는 논쟁을 위한 주제를 제출해야 했는데, 그는 '아리스토텔레스가 말한 것은 무엇이든지 거짓이다'라는 주제를 제안했다. 라뮈는 비록 21세였으나 스콜라철학을 옹호하려는 사람이라면 온종일도 불사하며 논쟁했고 항상 자신의 논리에 대한 당위성과 자부심을 가지고 있었다. 그는 곧 자신의 논제를 성공적으로 확증했고 교사자격증과 석사학위를 취득했다.

라뮈의 논제에 대한 정당성을 부여하는 데는 사회적·종교적인 문제가 따르게 되어 있었다. 만약 그의 주장이 옳다면 유럽의 지식세계는 잘못된 것이 틀림없기 때문이다. 이때 라뮈에 대한 평가는 다양했다. 일반적으로 그는 단순히 성급한 혁명론자였고 자기선전에 열중하는, 즉 천성적으로 새로움을 추구하고 명예를 열망하는 사람으로 평가받았다. 후일 파리 대학의 총장이 된 갈랑(Galland)은 심지어 그를 '부모살해범'이라고 혹평했다.

그러나 라뮈는 자신의 저서의 가치를 인정하고 추원해 주는 사람들에 고무되어 더욱 연구에 열중했다. 1543년 그는 『변증법』과 『아리스토텔레스의 비판』을 저술했다. 특히 『아리스토텔레스의 비판』에서 그는 고대철학자에 대한 균형 잃은 비판으로 대학의 미움을 샀다. 자신이 열렬히 추앙했던 소크라테스처럼 그는 반종교적이고 젊은이들을 타락시킨다는 이유로 고발당했다. 왕립위원회에서도 라뮈를 무분별하고 교만하며 무례한 사람으로 판정했다. 라뮈의 책은 폐기되고 콜레주 드 캉브레 앞에서 공개적으로 불태워졌으며 심지어 교수형에 처해야 한다는 움직임도 있었다. 강의 역시 금지되었다.

라뮈는 잠시 몸을 피해 화를 면했고 책의 복사본은 외국대학에 보내졌는데, 이로써 파리 대학은 유럽의 대학과 지식사회에서 명성을 얻었다. 라뮈는 침묵만 지키고 있을 수 없어, 콜레주 아베마리아에서 수학과 수사학을 강의하면서 때를 기다렸다. 1545년 파리에 전염병이 발생했고 대부분의 대학교수들이 전염병을 피해 파리를 떠나자, 그는 콜레주 드 프렐(Collège de Presles)을 재조직하도록 요청받았다. 거기에서 수사학을 강의했고 그의 친구 오메르 탈롱도 그를 도와 철학강의를 맡았다.

라뮈가 감시에서 벗어난 것은 1547년에 앙리 2세가 즉위하면서부터였다. 그것은 앙리 2세의 가정교사였던 그의 동창생 로렌이 그를 후원하고 있었기 때문이다. 라뮈는 유죄 선고를 받았던 그의 저서를 다시 출판했고, 당시 준엄하게 비판을 받았던 『키케로』와 『퀸틸리안』을 저술했다.

라뮈가 자유로워졌으나 자크 샤르팡티에와 콜레주 드 봉쿠르의 교사 카르팡테리우스 등은 라뮈에 대해 평생 적대적이었다. 파리 대학 역시 라뮈를 좋지 않은 눈으로 보고 있었다. 당시 의학부에는 라뮈가 '대학의 적'이라고 기록되어 있다. 그러나 대학 밖에서는 라뮈의 위대함을 아는 사람들이 많았고 콜레주 드 로와얄, 콜레주 드 프랑스 등 진보적인 학교에서 라뮈는 인기가 있었다. 1551년 라뮈가 왕립기금협회회장 취임연

설을 할 때 2,000명 이상이 청강했고, 거기에서 그는 아리스토텔레스 철학, 교육, 대학의 개혁에 대해 강조했다. 1557년에 대학의 개혁문제를 조사하기 위해 왕립위원회가 개최되었는데, 라뮈가 평소에 관심을 가졌던 문제들이 집중적으로 토의되었으나 결과는 별로 없었다. 라뮈는 낙담하지 않고 계속 일을 추진했다. 1562년 그는 '파리 아카데미의 제도개혁안'을 발표했다. 여기에서 그는 파리 대학은 학생 수는 감소된 반면 교수의 수가 증가해서 가난한 학생들에게 부담이 되는 수업료와 잡비가 증가되었다는 것을 지적했다. 그는 연회, 양초, 예복 그리고 보닛 모자와 같은 겉치레에 대해 비판했다. 그는 진리탐구와 성실한 지식추구를 바탕으로 대학교육을 쇄신하고 모든 겉치레와 허례의식을 말소하고 수업료를 폐지했다.

라뮈는 교수의 수를 줄이고 우수한 학자들과 그 대학에서 배출한 졸업생으로만 강좌를 채웠다. 또한 수학이 교양과목 중에서 가장 중요한 학문이라고 강조했다. "수학이 없으면 철학도 없다"라고 하면서 완벽한 수학교육을, 그리고 아직 설치되지 않았던 자연과학까지도 강조하면서 "그것이 없다면 사물을 이용하는 법도 경험도 존재하지 않을 것이다"라고 주장했다. 그리고 1년 과정으로 물리학과 윤리학을 개설할 것을 주장했고, 푸아르 가에서 이전과 같은 공개강의를 부활시킬 것을 권고했다. 이러한 개혁을 위한 자금은 부유한 수녀원과 수도원의 기부금을 몰수하고 왕에게 청원하는 것으로 충당했다.

라뮈는 아리스토텔레스와 키케로에 대한 공격으로 이미 대학가에서 영향력 있는 사람들의 증오를 샀다. 그런데도 그는 개혁된 종교의 '대의'를 지지함과 동시에 정통교회에 대한 반대 입장을 보였다. 1561년 그는 외견상으로는 가톨릭을 신봉했으나 국교에 대한 그의 비판정신은 널리 퍼져서 대학도 그 영향에서 벗어나지 못했다. 1561년 9월에 열린 '프와시 회의'에서 가톨릭과 위그노 사이의 이해를 증진시키려고 했으나 실패로 돌아가고, 라뮈는 자신을 후원해 주던 추기경 샤를르 로렌과도 결별을 해야 했다. 때마침 콜레주 드 프렐에서는 지적인 문제에서처럼 종교적인 문제에서도 교장을 존경하고 사랑하라는 것을 배운 학생들이 콜레주 예배당에 침입하여 성상(聖像)들을 뒤엎고 개신교에 대한 열정을 보였다. 평소 라뮈를 미워하던 적들은 이것을 이용하여 라뮈를 핍박하기 시작했다. 1562년 7월 9일 칙령에 따라 대학의 모든 교수들은 신학부가 작성하고 소위 개혁종교에 대해 빠져나갈 수 없는 신앙선언을 하도록 명령받았다. 더 이상 대학에서 가르칠 수가 없게 된 라뮈는 퐁텐블로로 은둔하여 운명을 기다렸다.

1567년 앙브와즈의 형식적인 평화가 있은 이후 다시 폭풍이 밀어닥쳤다. 당시 프랑스는 콩데에 의해 주도된 위그노와 기즈 공에 의해 주도된 가톨릭 교회파의 싸움으로 30년간 피바다를 이룬 종교전쟁을 하고 있었다. 기즈가 콩데를 체포하여 전쟁의 비극은 끝나는 듯했으나 위그노파의 열광자에 의해 기즈가 살해됨으로써 라뮈는 퐁텐블로의 은둔처에서 나와 콜레주 드 프렐로 돌아갈 수 있었다. 한때 파리는 위그노 군대에 의해 포위되었는데, 라뮈는 그 기간 동안 위그노 진영에 피신해 있었으며 1568년 롱쥐모(Longjumeau) 평화협정에 따라 콜레주 드 프렐로 다시 돌아왔다. 그러나 대학과 바깥 세상의 사건들은 라뮈를 그대로 두려 하지 않았다. 그는 조용한 시기가 올 때까지 외국을 여행할 수 있도록 왕의 허락을 받고 독일, 스위스 등의 신교국가들을 방문했다. 그는 신교 옹호자와 파리 대학의 위대한 학자로서 인정되어 하이델 베르히의 칼뱅파 교회를 비롯한 도처에서 환영을 받았다. 그는 볼로냐 대학의 중요한 교수직의 제의를 거절하고 콜레주 드 프렐에서 철학과 수학을 다시 강의했다.

라뮈는 정치적 방해가 있을지라도 교육개혁은 성공될 것이라고 믿었다. 1568년 그는 여행을 떠나기 전에 자신이 소유한 모든 것을 콜레주 드 프랑스의 수학-산수, 기하학, 음악, 기계 공학, 천문학, 지리학을 포함하여 모든 과목의 교수직을 만드는 데 사용할 것을 유언했다. 그가 세운 교수직은 프랑스 과학자들 중 가장 저명한 몇몇 사람들에 의해 지속적으로 채워졌으나, 1732년에 이르러 기금부족으로 폐지되었다.

대학은 가톨릭 파의 영향력이 대단했으므로 예수회와 손을 잡은 왕은 가톨릭에 기부하지 않는 자는 누구도 대학과 콜레주 드 프랑스에서 교수직을 유지할 수 없다는 법령을 제정하도록 설득당했다. 따라서 라뮈가 만든 콜레주 드 프랑스의 수학교수직과 그 재단은 박해의 대상만 되었다. 라뮈는 콜레주 드 프렐의 학장도 왕립대학의 교수도 될 수 없는 상황이 되었고, 왕에게 호소했으나 헛수고였다. 그는 제네바 대학의 철학 교수직을 얻기 위해 베자(Beza) 학장에게 글을 썼으나 공석이 없고 교수직 신설을 위한 기금도 없으며, 그 곳에서는 아리스토텔레스의 가르침인 '작은 사람'을 등한시한다는 말을 듣고 실망했다.

라뮈는 콜레주 드 프렐에 돌아왔으나 강의도 없이 1572년에 사망할 때까지 글 쓰는 일에 전념했다. 그는 위그노와 가톨릭의 치열한 싸움 속에서 죽음을 맞았다. 1572년 성 바르델레미 축일에 시작된 끔찍한 학살의 3일째에 학살자들이 콜레주 드 프렐에 침입하여 만행을 저질렀다. 칼로 난자당한 라뮈의 시신은 따로따로 위층 유리창을 통해 마당으로 내던져졌다. 분노와 복수에 찬 가톨릭 파들은 소름끼치는 냉소와 험담을 퍼붓고 학생들은 시신에 채찍을 가했으며, 일부 교수들은 계란세례를 주며 모욕했다. 마침내 그의 시신은 진흙탕 위로 끌려가 센 강물에 버려졌다. 대학 개혁의 선봉이 되었고, 항상 "지식을 추구함에 있어 인간의 마음은 자유로워야 한다"고 주장한 라뮈는 그렇게 처참한 죽음을 맞았다. 그의 시대와 가톨릭교회가 그를 버린 것이었다. 그가 살해된 배후에는 평소 그를 미워했던 카르팡타리우스가 있었다.

16세기의 위대한 사상가이자 교육개혁가 라뮈는 비록 살해되었다 하더라도 그의 교육에 대한 열정과 사상은 그 후 교육개혁의 지표가 되었다. 그는 몽테뉴와 대조되는 자유주의 사상가였고 진지하게 그리고 열심히 진리를 추구했다. 무비판적인 독단론에 대항하여 투쟁했고 거짓과 타협하느니 차라리 목숨을 버리는 교육가였다. 그의 생애는 소크라테스와 유사했으며 소크라테스에게 항상 열렬한 찬사를 아끼지 않았다. 그러므로 철학에서 아리스토텔레스를 존중하고, 종교에서 교회의 권위를 강조하던 시대에 그는 이성의 지배를 주장했던 것이다. 그는 스콜라 철학의 사소한 변명과 하찮은 교활함을 무시하고, 모든 예술과 과학을 좀더 소크라테스식 문답법으로 다룰 것을 제의했다. 이러한 방법이 플라톤, 아리스토텔레스, 히포크라테스, 갈렝, 베르길리우스, 호메로스, 키케로, 데모스테네스 등에 의해서 사용되었다고 그는 주장했다.

라뮈의 교육사상은 학생지도와 교과과정을 통한 교육과정에서 엿볼 수 있다. 우선 그의 시대에 파리 대학 신입생들에게 요구한 7개 조항의 선서에는 학생들이 준수하고, 존경하며, 행동하고, 순종해야 하는 것들이 나타나 있다.

첫째, 학생들은 생애의 어느 때와 어떤 지위에 있든, 파리 대학의 특권, 권리, 자유, 특전, 교칙을 준수할 것을 요구했다(제1조). 둘째, 어느 때든 어떤 지위에 있든 학생들은 자유롭고 명예로운 모든 일을 하면서 총장에게 존경을 표시하도록 했다(제3조). 그리고 학장이나 교수에게 무례한 언행을 했을 경우 최대한 예의를 갖추어 사과를 하고, 무례한 언행을 한 학생들을 직접적으로나 간접적으로 두둔하지 말 것을 요구했다(제4조). 셋째, 가톨릭 정신에 따른 생활, 즉 가톨릭교회에 따라서 로마의 사도적 생활을 할 것이며, 이탈할 경우 대학인의 특권을 박탈당하고 퇴학처분도 감수할 것을 맹세했다(제7조).

그리고 그 이외에 파리 대학의 비밀과 선례를 누구에게도 누설하지 않겠다는 것(제2조), 파리 대학구내에서 평화와 화합을 유지할 것(제5조), 개인의 이름과 가족의 이름을 진실하게 말하겠다(제6조)는 것을 맹세받은 것으로 되어 있다.[24]

라뮈는 파리 대학의 교칙을 준수하고 파리 대학생이 누릴 수 있는 모든 특전을 누림과 동시에 총장, 학장, 교수를 존경하고 그들에게 언행을 바르게 하며, 가톨릭교의 가르침에 따라서 생활할 것을 파리 대학생들의 지도지침으로 삼았다.

한편 라뮈는 교육과정을 본질, 체제, 실행이라는 3단계로 구분했다. 즉, 얻은 지식은 유용하게 사용되고, 실용성이 있어야 한다는 것이다. 그는 "내가 하는 연구의 목적은, 교양과목 이수과정에서 나타나는 가시와 걸림돌, 그리고 인간정신을 방해하고 후퇴시키는 모든 것들을 제거하고, 지성뿐만 아니라 교양과목들을 좀더 쉽게 실행하고 다룰 수 있도록 평평하고 곧은 길을 만드는 것이다."라고 했다. 그러므로 사람들은 그를 공리주의자라 하였는데, 라뮈는 교양과목에 대해 고민한 최초의 대학인이었던 것으로 보인다.

그러면 교양학부의 교육과정에서 라뮈의 방법이 어떻게 적용되었을까? 교양학부는 주지된 바와 같이 중세로부터 내려온 3학과와 4학과로 구분되었다. 전자는 문법, 수사학, 논리학을, 후자는 산술, 기하, 천문학, 음악을 다루었다. 그러나 7~8년 동안 교양학부학생들이 전념한 것은 3학과였고, 라뮈 시대에 이르러서는 음악이 실제 교육과정에서 사라졌다. 수학과 관련된 과목들은 아리스토텔레스의 자연철학, 기상학과 같은 교과서에서 이전의 방식대로 연구되었고, 모든 교육과정의 체제 중 가장 활발한 것은 문법과 변증법이었다. 라뮈가 개혁하고자 하는 것은 바로 이러한 것들이었다.

당시, 대학의 첫 해는 고전 언어들, 특히 라틴어를 통달하는 데 쓰여졌다. 라뮈는 학생을 돕기 위해 4세기에 쓰여진 아일리우스 도나투스의 문법을 사용했다. 그는 라틴어 교육에서 학생들을 괴롭히는 모든 난제들을 제거하기 위해 명사를 같은 음절 2개, 다른 음절 2개 등 4개의 격변화로 하고, 동사는 미래시제 'bo'와 'am'을 가지는 두 가지 활용으로 분류했다. 또한 문법에서 라틴어는 물론 그리스어도 포함하여 3년 과정을 추천했다. 그는 문법과정을 통해 학생들이 수사학을 시작할 수 있게 했다.

유럽에서는 여러 세기 동안 아리스토텔레스의 『논리학』에 대한 무미건조하고도 무비판적인 연구만 이어졌다. 라뮈는 이 모든 형식적인 모방을 없애고 사고법칙의 실제과정을 중요시했다. 그는 데카르트처럼 정신작용에 주의를 집중시키면서 그리스어와 라틴어 시인, 웅변가, 역사가들의 작품 속에 설명된 다양한 정신작용의 예들을 수집하여, 그것들을 교육과정에 적용하고 분류했다. "진정한 논리학의 법칙을 갖추기 위해서는 학교에서 이러한 규칙의 지도에 대해 수다스럽게 말하는 것으로 충분하지 않고, 시인, 수사학자, 철학자, 즉 인간의 모든 정신을 통해 실행해 보아야 한다."는 그의 주장대로, 그는 고전적 권위에 구속되지 않고 논리방법을 수집하고 분류했다. 또한 플라톤이나 키케로에 대한 과장된 존경도 하지 않고 진실 그 자체에 주의를 기울였다.

라뮈의 다음 개혁과제는 중세에서 내려오는 나머지 4개학과에 대한 개혁이었다. 그는 자신의 재산을 콜레주 드 프랑스의 수학강좌 개설을 위해 기증했다. 4학과에 응용과학분야도 포함시키고 실제조사에 치중했다. 그러나 때로는 실제관찰보다 『고르기아스』와 같은 고전작품에 의존했다.

한편 라뮈는 라틴어 이외 지방어를 경멸한 에라스무스의 저서나 『수상록』을 불어로 쓰고 '오래가지도 잘 읽혀지지도 않을 운명'이라고 개탄한 몽테뉴와는 달리 모국어인 불어를 강조했다. 그는 학자들의 언어를 라틴어에서 불어로 대치한 프랑스 개혁자들 중 첫 번째 사람이었다. 그는 이미 『변증법』을 불어로 썼는데, 그것은 1세기 후에 포르 로와얄 논리학(Port-Royal Logic)으로 되는 초석이 되었다. 뿐만 아니라 그는 불문법을 교사와 학생이 대화하는 형식으로 만들었으며 현대 불문법을 예상한 듯 단순화된 철자법을 선호했다. 라뮈가 문법책을 여러 번 출판했으나 개선시킨 철자가 채택되었다는 증거는 없는 대신, 가톨릭 국가인 스페인의 살라망 지방의 문법학자 산크티우스가 라뮈의 문법에 근거하여 저술한 자료는 있다.

교육에서 라뮈는 중세 시대 동안 노예화된 인간사상의 속박으로부터 자유로운 인간사상으로의 전환을 시도했다. 그리고 종교적 면에서도 중세 가톨릭이 아니라 초기 기독교 시대의 자유로 회귀할 것을 원했다. 사실 그는 신교와 구교가 다 부담스러웠으나 쯔빙글리 쪽으로 기울어져 있었다. 따라서 그의 교육개혁은 신교도 나라에서 비밀리에 퍼져나갔다. 비록 영국의 옥스퍼드 대학에서는 라뮈주의를 비난했으나 케임브리지와 스코틀랜드 대학에서는 라뮈주의 지지자들이 많이 나타났다. 케임브리지 출신의 밀턴은 1672년 라뮈의 변증법의 요약본인 논리학에 대한 논문을 출간했다. 라뮈는 파리 대학의 개혁을 위한 새로운 고속도로를 만드느라 힘난한 교수의 길을 걸었던 셈이다.

라뮈는 가난한 학생들의 힘든 생활, 많은 교사들의 태만, 무지, 자격미달, 교양학부를 비롯한 다른 학부 교육과정의 빈약함을 가져온 쓸모없는 지출과 같은 대학의 악습에 개탄했다. 그는 개혁과 문예부흥의 진정한 화신이었고 그의 삶은 종교와 교육에서 편협한 보수주의에 대항하는 불굴의 투사의 그것이었다. 그는 신념을 위해 목숨을 바쳤고 그가 주장하는 교육개혁의 이념은 그의 사후에 실천되었다. 그래서 그는 16세기에 프랑스 교육사에서 가장 흥미 있는 인물로 여겨지고 있다.

롤랭(Charles Rollin)의 개혁과 수난

1690년 이후로 데카르트적 합리주의가 확산되면서 프랑스 사회에서는 교권뿐 아니라 정치적·사회적 권위에 대한 부정이 심각하게 일어났다. 이어서 몽테스키외, 볼테르, 루소, 다랑

베르 등의 계몽사상가들이 활동하기 시작하였다.[25] 그리고 랑부이에 부인의 살롱을 필두로 하여 파리에만 무려 800개의 살롱과 카페 등이 생겨 자유로운 토론문화가 전개되었다. 그러나 파리 대학은 이에 부응하지 못하고 있었다. 롤랭(1661~1741)의 교육개혁은 바로 이와 같은 지성적인 변화에 있어서 대학의 역할을 찾는 것이었다.

파리 대학은 밖에서 보는 것과는 달리 고전적이고 보수적이었으며, 르네상스의 놀라운 진보에도 불구하고 대학 본래의 가치와 사명을 상실한 채 중세의 교부철학에 의한 체면에서 17세기까지도 깨어나지 못하고 있었다. 파리 대학은 이제 종래의 권위와 전통을 지킬 수가 없게 되어, 경쟁자들이 보여준 훌륭한 본보기를 모방이라도 해야 했다. 파리 대학은 예수회 교단의 학교는 물론 아르노(Arnauld)나 랑슬로(lancelot)와 같은 왕립학교주의자들의 영향력을 받기 시작하였다. 아르노는 『포르 로와얄 논리학』과 『일반문법』을 편집하면서 고전연구규정을 해설하였다.[26] 그리고 랑슬로는 라틴어, 그리스어, 이탈리아어, 스페인어를 쉽게 배우기 위한 『신교육방법』에 관계된 일련의 책을 저술하여 명성을 얻고 있었다.

그러나 파리 대학은 예수회가 제공하는 무상교육에 경쟁할 수 없었다. 파리 대학은 승마, 펜싱, 수영, 그리고 그 밖에 다른 남성적인 운동을 가르치는 예수회 학교들처럼 다가올 시대를 선도하는 것은 고사하고, 당시에 유행하고 있었던 교과목도 무시하는 상황이었으므로 개혁은 정말 시급했다.

제1차 개혁과 수난 — 롤랭은 라뮈가 시작했던 교육개혁을 다시 시작했고 대학에서 영향력 있는 지위에 오른 후에 자신이 주장했던 개혁을 실행에 옮길 수 있는 기회를 얻었다.

롤랭은 아버지가 미천하고 가난한 칼장수였으므로 어렸을 때부터 험난한 생활을 했다. 그는 한때 인정 많은 베네딕트 수도사의 주목을 끌어 블랑 모토수도원에서 미사를 돕는 일을 했다. 그 후 롤랭은 파리에 있는 베네딕트 파 학교의 급사로 일했는데 그 때 선생님 한 분이 그가 공부에 재능이 있다는 것을 알고 콜레주 드 플레시에서 장학금을 받도록 주선해 주었다. 사실 그 시대는 공부하는 사람에게 상당히 호의적이었으므로 롤랭도 그 덕을 입은 것이었다. 그는 당시에 유행하던 신학적 논쟁에 휘말리지 않고 성공만을 추구하면서 교양학부를 제대로 이수했다. 그 후 소르본에서 3년 동안 신학 과정을 이수했으면서도 성직자가 될 생각은 하지 않았다. 그는 하나님이 자신에게 준 것은 교직이라고 생각했다. 1683년 롤랭은 제2과정의 교수로 임명되었고, 4년 후에 수사학과정의 교수로 승진하였다. 1688년 그는 콜레주 드 포르 로와얄의 에르상에게서 콜레주 드 프랑스의 라틴 웅변교수직을 이어받았다. 그럼에도 불구하고 그는 1693년 은퇴할 때까지 콜레주 드 플레시의 교사직을 사임하지 않았다.

은퇴한 롤랭은 집필에 전념하였으나 불과 1년 만에 그의 모교인 파리 대학의 총장으로 추대되었다. 그는 취임식에서 "여러분이 기대하는 점들을 노력, 주의, 근면으로써 할 수 있는 한 충실히 수행할 것을 약속했다."[27] 그는 아르노의 『연구규범에 대한 회상』과 그 이외의 기록들을 파리 대학의 개혁에 참고하였다.

롤랭은 얀세니즘 종교관과 교육 의지를 가지고 있었다. 그가 얀세니즘에 물들어 있었던 것은 아마도 얀세니즘을 일찍이 받아들였던 포르 로와얄파의 학교에 다녔기 때문이었다. 그는 얀세니즘으로 결국 핍박의 대상이 되었으며 파리 대학에서도 추방당했다.

롤랭은 무엇보다도 대학의 윤리상태를 개혁하려 했다. 그는 학생들이 하나님 말씀에 따라 생활할 수 있도록 매일 『성서』 한 구절이 해설되어야 한다고 강조했다. 그는 라뮈처럼 프랑스어, 운문과 산문, 그리스어에 교육을 강조하고 문학사를 위한 정규적이고 엄격한 교육을 실시하고자 했다. 프랑스어 교육의 강조는 이미 16세기 초반 프랑스와 1세의 문화개혁운동의 일환에 의해 법원에서는 프랑스어로 기록된 영장을 발부하고, 콜레주 드 로와얄과 콜레주 드 프랑스에서는 프랑스어가 교육되고 있었다.

한편 롤랭은 파리 대학의 총장 직권으로 콜레주에 대한 체계적인 감사를 한 후에 교육과정, 규율, 행정, 의복에 대한 개혁을 지시했다. 그러나 파리 대학의 총장직의 임기가 1696년에 종료되자 그는 계속해서 개혁을 추진할 수가 없었다.

은퇴한 롤랭은 연구와 문학 활동에 여생을 바치려고 하였으나 콜레주 드 보베의 교장직 제의를 거절할 수가 없었다. 콜레주 드 보베는 학생도 적었고 규율이 없었다. 그렇다고 이 시대의 콜레주 학생들이 자유분방한 것은 아니었다.

롤랭이 교장이 되면서 규율도 잡히고 많은 것들이 개선되었다. 롤랭은 콜레주 드 보베에서 중요한 몇 가지 개혁을 추진했다. 그는 풀어진 규율들을 바로잡았을 뿐 아니라 매주 참모 회의를 실시함으로써 한층 효율적으로 행정업무를 처리했다. 그는 자신의 학생시절을 회상하면서 돈이 없어 파리 대학에 입학하는 데 곤란을 겪는 학생들을 적극적으로 도왔다. 그의 장학금을 받았던 학생들 중 가장 두드러졌던 학생은 파리 대학을 평가하는 데 빼놓을 수 없는 역사가인 크레비에(Crevier)였다.

롤랭은 포르 로와얄의 교육 방식을 콜레주 드 보베에 도입했다. 그는 프랑스어에 대한 연구를 하게 했다. 그는 아르노와 랑슬로의 『일반문법 *Grammaire Générale*』을 추천하였다. 그는 교육뿐만 아니라 다른 면에서도 얀세니스트와 상당히 깊은 관계를 맺고 있었다. 얀세니즘은 이미 프랑스의 생 시랑(1581~1643)에 의해 포르 로와얄 수녀원에 유입되어 있었으므로 롤랭은 더욱 호감을 가졌다. 또한 포르 로와얄에는 이미 데카르트 주의가 받아들여져 있었다. 원래 신앙심 깊고 금욕적인 롤랭은 얀세니즘의 비판원리를 대단히 열성적으로 받아들였다.

그러나 얀세니즘은 이미 1649년 예수회 교단의 고발로 교황으로부터 이단 선고를 받고 프랑스에서는 부르봉 왕조로부터 박해받고 있었다. 1679년 포르 로와얄에 대한 박해와 그들이 제휴했던 얀세니즘의 이데올로기에 대한 공세가 다시 한 번 강하게 개시되었다. 절대왕정에 도전하는 어떤 것이든 증오했던 왕실과 '대주교의 서한들'(Provincial Letters)에 대한 것을 결코 잊어버리거나 용납하지 않았던 예수회 사이의 성스럽지 못한 동맹은, 불행한 포르 로와얄에 대해 격렬하고 무자비한 전쟁을 벌이게 했다. 드디어 1709년 포르 로와얄의 나이든 수녀들은 그들의 교단이 500년 동안 지켜온 대수도원에서 쫓겨났고, 얼마 후 예수회들은 그들이 살았던 건물을 적개심으로 파괴하였다. 얀센파 자체의 사망증서가 발부되어야 한다는 의견이 1713년 로마 교황청에서 나왔다. 그해 교황 클레망(Clement) 11세는 유니제니투스의 교서를 맹렬히 공격하였는데, 그 교서에서 얀세니스트의 옹호인 케넬(Quesnel)이 쓴 『신약』의 주석에 대한 101개의 제안은 '경건한 사람에 대한 허위, 험담, 비난, 공격이며, 교회와 국가에 대한 망신이며 치명적이고 유해한 것이고 이교도의 선동적이며 경건하지 못한 혐의가 있는 것'으로서 문책받았다. 많은 얀세니스트들이 이미 네덜란드로 이주했으며 온갖 조치에도 불구하고 이들의 움직임은 여전히 프랑스에서 계속되었다. 비록 얀세니스트의 지지자들이 높고 영향력 있는 자리에 앉았을지라도 많은 위험이 있었다.

롤랭은 라뮈의 전철을 밟지 않으려고 개종까지는 생각하지 않고, 얀세니스트의 지도자인 케넬과 교신만 했다. 그러나 그의 교신들이 민간기관에 포착되어 롤랭은 바스티유에 투옥될 위험한 상황에 봉착했다. 그는 1707년 얀세니스트임을 고백한

두 사람을 콜레주 드 보베에서 참모로 임용했었다. 마침내 롤랭은 1712년 강제로 교장직에서 쫓겨났지만, 콜레주 드 로와알에서 라틴어 교수로 강의할 수 있었다. 박해에도 불구하고 롤랭은 자신이 보살펴야 하는 사람들에 대한 특별한 애정을 가지고 있었던 것이다.

콜레주 드 보베의 학생들은 롤랭을 복직시키기 위해 국왕에게 두 차례의 탄원서를 제출했다. 첫 번째는 롤랭이 콜레주를 인화단결하게 하여 효율적으로 경영했다는 것을 명확하게 기술한 것이었고, 두 번째는 롤랭이 교장으로 다시 돌아와야 콜레주 드 보베가 발전하며, 모두 그것을 원한다는 것을 겸손하게 간청하는 내용이었다.

박해로 인하여 롤랭이 더 이상 학교에 나가지 못한 이후에도 학생들의 롤랭에 대한 애정은 여전히 식지 않았다. 학생들은 1713년 1월 롤랭의 생일에 라틴어로 된 축시를 보냈다. 뿐만 아니라 파리 대학의 관리들이 이전의 교장에게 자문을 받기 위해 종종 큰 정원으로 꾸며진 롤랭의 작은 집을 방문하였던 것에서 롤랭이 학생과 교원들로부터 신뢰와 존경을 받았다는 것을 알 수 있다.

롤랭이 콜레주 드 보베에서 쫓겨나고 그 후임으로 샤를르 코팽(Charles Coffin)이 임명되었는데, 그도 역시 얀세니즘파였으며 롤랭과 같은 종교적 배경을 가지고 있었다. 1715년 루이 14세가 서거하였을 때 유니제니투스에 대항하는 반동이 섭정 필립 오를레앙 공의 후원 하에 시작되었다. 예수회들의 금욕에 대해 두드러진 프랑스 교회의 동정주의자들은 국가와 교회의 가장 영향력 있는 자리에 임명되었고 소르본은 공식적으로 유니제니투스의 교서의 수용을 폐지했으며 등재부에서 그것에 대한 기록을 삭제했다. 그러므로 롤랭이 교장직에서 쫓겨나 명예가 실추된 것은 당시의 상황이 그로 하여금 일시적으로 불행하게 만들었기 때문이었던 것이다.

제2차 개혁과 수난 ─ 롤랭은 1715년 파리 대학 '프랑스 동향단'의 학감에 임명되었다. 그가 다시 파리 대학에 임용된 것은 이전의 재임기간이나 콜레주 드 보베를 위해 열심히 일을 했던 것과 그의 복권에 대한 학생들의 청원이 반영된 덕분이었다. 그러나 그보다 더 중요한 것은 오래 전인 1719년부터 라뮈가 주장하였고 롤랭이 제창했던 대학개혁안이 반영되었기 때문이었다.

그때부터 '전 과정 개설' 콜레주들이 모든 학생들에게 개방되었고 수업이 무상으로 제공되었다. 이제 파리 대학은 다른 콜레주와 경쟁할 수 있게 되었다. 파리 대학이 가지고 있던 '우편권'을 포기하는 대가로 국고에서 임금을 받았고, 추가적인 임금을 받는 것은 금지되었다. 파리 대학은 자신들의 요구를 강력히 주장하는 변덕스런 학부모들로부터 독립하였다.

롤랭은 1716년에 파리 대학의 총장에 재선되어 10월 10일부터 직무를 수행하였다. 그러나 12월 11일 그는 여전히 얀세니즘에 대한 식을 줄 모르는 열정을 가지고 있다고 분별 없이 말했다. 당시는 얀세니즘에 대해 8년 전만큼 평판이 나쁘지는 않았으나 당국이 그러한 롤랭의 행위를 묵과할 시기 또한 아니었다. 드디어 왕은 봉인장을 대학에 전달하여 롤랭을 면직시킨 다음 보다 온건한 총장을 선출하도록 하였다. 12월 16일 롤랭의 후임으로 코팽이 총장으로 선임되었다.

롤랭은 어느 정도 열성적으로 교육개혁을 단행하였을까? 그는 교수와 총장의 업무를 수행하면서 교육개혁과 행정쇄신에 정력을 다 바쳤다. 그리고 나머지 시간 동안 자유롭게 오직 저술활동에 집중하다가 일생을 마쳤다. 그는 마지막 총장직 말년부터 1741년 죽을 때까지의 21년 동안에도 대학 개혁을 위한 저술에 전념하였다. 그는 이 시기를 '하나님이 나에게 마련해준 평온한 시기'라고 말하고 이 시기를 아낌없이 교육에 바쳤다.

그러나 얀세니스트파 신도들의 논쟁이 계속되고 예수회와 교황지상권론자의 파당이 다시 승리를 거둠에 따라 롤랭도 그들의 공격을 피할 수가 없었다. 하지만 롤랭은 격동하는 외부의 혼란 속에서도 파리의 은신처에서 계속 저술에 전념했다. 기력이 쇠진한 롤랭은 말년에 이르러서는 이전의 활력도, 얀세니즘에 대한 열성도 상실하였다.

이 무렵, 주변을 떠들썩하게 한 소동이 얀세니스트파의 부제 프랑소와 드 파리의 무덤에서 벌어졌다. 신경과민성 병자들이 의식이 혼탁해져 정신착란증을 일으켜 입에는 거품을 물고 있는 야만스러운 광경들도 목격되었는데, 이들은 자신들이 부제의 중재에 의해 치료되었다고 생각하고 있었다. 롤랭은 진지하게 부제의 기적에 관심을 나타냈으며, 생 메다르의 공동묘지를 자주 방문하였다. 롤랭의 행동은 마침내 공공연하게 음란하고 부도덕한 행위로 타락하여 더 이상 그것을 묵인해서 안 될 상황에 이르렀지만, 얀센니즘에 대한 그의 집착은 결코 흔들리지 않고 계속되었다. 1741년 그는 중병으로 쓰러졌고 더 이상 작업을 할 수 없게 되었다. 9월 14일 그는 80세를 일기로 생을 마쳤다. 바너드에 의하면, 그의 신학적 견해에 대한 동시대인들의 반감이 너무나 거세어서 과거에 행해졌고 오늘날에도 행해지고 있는 어떤 찬사나 추모사도 그의 장례식에서는 행해지지 않았다 한다. 하지만 롤랭의 명성에 경의를 표하는 뒤늦은 시도가 루이 16세에 의해 이루어졌고, 루이 16세는 소르본 대학에 그의 상을 세웠다. 또한 그의 초상화가 소르본 대학의 현관 상층부를 장식했던 것처럼 롤랭의 교육개혁에 대한 공적은 생전보다 사후에 인정되었다.

그러면 교육에 대한 롤랭의 기본사상은 과연 어떤 것이었나? 롤랭은 순전히 지성과 인격의 힘을 통해서 비천한 상태로부터 신분상승을 한 대표적 인물이었다. 그러나 그는 상류계층과 고귀한 집안에 대한 어떤 경멸도 하지 않았다. 롤랭이 우리의 관심을 끄는 이유는 그가 교육에 한결같이 전념했기 때문이다. 그는 정치가나 철학자도, 성직자나 문학자도 아니었으며 단지 교육에 대해서만 관심을 가지고 있었다. 그는 교직에 몸담고 있는 사람에게 필요한 모든 것을 갖추고 있었다. 그는 자신의 일에 몰두했으며 교직을 돈을 벌기 위한 직업이 아니라 이상을 시도하는 직업이라 생각했다. 그는 제자들로부터 관심과 호감을 얻었던 훌륭한 교육자였다. 그는 가르치는 데는 엄격했지만 냉혹하지는 않았고, 온건한 학자였으며 교육의 목적이 학생들의 지적인 만족감보다는 정신적인 만족감에 있다는 것을 알고 교육하였다.

롤랭이 죽었을 때 브레쉴레 주르뎅(Bréchillet-Jourdain)은 "롤랭과 함께 공교육에 있어서 언제나 빛나고 있던 가장 밝은 빛들 중 하나가 꺼졌다"라고 했다. 그것은 교양학부의 역사에 기재될 만한 가치가 있는 것으로 파리 대학에 있는 롤랭의 비문이며, 동시대인들이 그에게 준 모욕에 대한 보상이다. 롤랭은 젊은이들이 훌륭한 예술과 좋은 관습들을 인식할 수 있게 때로는 생생한 목소리로, 때로는 불멸의 저술로써 자신의 모든 노력을 기울였다. 따라서 그의 교육사상은 유럽의 모든 나라에서 박수갈채를 받았다.[28]

롤랭의 교육개혁은 귀족가문의 자제들을 위한 교육을 강조하면서 모든 계층에 대한 교육을 실현하고자 한 것이 특징이다. 롤랭은 교사가 가져야 할 교육목표를 지식·인성·종교심의 개발에 두었다. 그중 그는 종교교육을 가장 으뜸으로 생각하였으며, 지식과 인성교육이 종교교육에 기여하도록 해야 한다고 강조했다. 그의 주장은 고전적·전통적 사고 차원의 것이 아니라 새로운 교육과 세계관을 형성하려는 교육개혁의 의지였다.

프랑스 혁명과 파리 대학의 종말

대학에 싹튼 새로운 사상

일반적으로 르네상스 이후 소르본 대학이라 불리던 신학부는 이전 시대와 마찬가지로 18세기에도 파리 대학을 총체적으로 대표하지는 못했다. 상급학부에서와 마찬가지로 콜레주에서의 교육은 오로지 라틴어로 이루어졌고 교과과정은 그리스와 로마의 고전연구의 우월성을 보장하는 것이었다. 프랑스어는 아직 대학에서 허용되지 않았고, 라틴 및 그리스 작가들의 작품을 독해하고 주석하는 것이 수업의 주된 활동이었다. 수학과 과학을 위한 수업은 빈약했고 외국어의 기초지도는 파리 콜레주들에서 전적으로 무시되고 있었다.

하지만 분명한 것은, 데카르트의 합리주의를 신봉하면서 루이 14세 시대 이후 대학에 상당한 영향력을 행사한 데카르트 철학 및 얀세니즘의 비약적인 발전으로 상황은 18세기 동안 대단히 변화했다는 것이다. 수학과 물리학은 파리의 큰 콜레주들에서밖에 강의되지 않았는데, 그 곳에서는 뉴턴의 만유인력에 대한 격렬한 토론이 벌어졌다. 기술적인 진보 및 실험적인 방법에 대해 특별한 관심을 불러일으킨 백과사전적인 유물론의 영향은 강의의 변화를 촉진했고 교양학부의 교수와 학생들은 종종 루이 16세 치하의 새로운 사상들에 귀를 기울이기도 하였다. 그들은 그것에 여전히 저항하기도 하였지만, 일반적으로 얀세니즘과 데카르트의 기계론을 찬양했으므로 그것들을 계몽철학에 연결시켰다.

따라서 파리 대학은 1789년의 새로운 사상들에 대해 완전히 무감각하지는 않았다. 이미 로베스 피에르가 대학의 훌륭한 학생이었다는 것과 그의 자코뱅 급진주의는 젊은 시절 그가 콜레주 드 루이 르 그랑에 다녔던 덕택이었다. 그리고 루이 16세 치하의 파리에서 법학을 공부했던 로베스피에르 형제, 뷔조, 카미유 데물랭과 같은 혁명가들의 정치참여가 증명하듯 대학의 법학자들은 새로운 사상의 영향을 다양한 방면에서 받았는데, 특히 얀세니즘과 갈리카니즘에 대해 호감을 가졌다. 파리 대학은 이전에 교회에 의해 금지되었던 프랑스 법 강의를 도입했는데, 이러한 조치는 18세기에 혁신적인 결과들을 초래했다. 교권과 속권 간의 갈등 속에서도 교육은 새로운 사상을 간접적으로 촉진하면서 사적인 문제뿐 아니라 공적인 문제에 대해서까지도 교회조직이 개입하는 것에 대한 적대적인 흐름을 만들어냈다.

의학부도 계몽적인 새로운 사상과 이데올로기에 대한 논쟁을 억제하고 있었다. 그러나 실험은 『백과전서』에서 보인 변화처럼 과학과 기술의 발전에 부응했고, 많은 젊은 개업의들은 루이 16세 통치하에서 설립된 왕립의과학회의 활동에 참여하였다. 여기에서 의학부의 교과목에 대한 개선과 교육에 큰 변화를 시도했다.

소르본의 신학부는 가톨릭교의 교리와 성직자 서열의 전통적 교육을 위협하는 새로운 사상에 대해 여전히 적대적이었다. 유니제니투스의 칙서에 대해 반대했던 신학부는 1713년 고등법원과 파리 대학사람들의 얀세니스트 교리와 자유로운 프랑스 교회 독립주의에 강력하게 비난했던 이 교황의 칙서에 따라 이전시대의 사상을 고수했다. 종교개혁 이후 인쇄물 검열권을 가진 신학부는 1751년 이후, 즉 『백과전서』 발행 이후 정치적·윤리적 관점에서처럼 종교적 관점에서 전통적인 의견에 이의를 제기하는 작품에 대해 가차 없이 유죄선고를 내렸고 루소, 마르몽텔, 마블리 등은 가혹한 검열의 희생자가 되었다. 볼테르는 1767년 9월 30일 달랑베르에게 '소르본의 어리석음'을 보내 소르본을 고발했다.

프랑스 혁명에서 파리 대학의 역할과 종말

대학의 역할 – 부르봉 왕조는 언제나 파리 대학 구성원들의 비판정신을 우려했었고 관료들도 그들의 성가신 모양의 공격을 두려워하고 있었다. 루이 16세가 삼신분대표자회의(1789)를 소집하기로 결심했을 때, 파리 대학의 교수와 학생 동업조합은 1614년 삼신분대표자의회가 해산될 때까지 의회에 성직자 대표로 참석했던 것을 근거로 의석을 요구했다. 파리 대학은 세 신분으로 이루어진 의회에 의석을 요구하는 편지를 장관들에게 썼다. 루이 16세는 파리 대학에 1789년 5월 5일 베르사유에서 개최하는 삼신분대표자의회의 파리 대표자들을 선출하도록 했다. 파리 대학은 파리 성직자 선거회의의 의석을 위해서 신학대학장을, 파리의 귀족 선거회의의 의석을 위해서 의과대학장을, 파리의 제3신분 선거회의의 의석을 위해서 법과대학장과 교양학부의 교수 한 사람을 임명했다. 이때 학구장 뒤무첼(Dumouchel)이 삼신분대표자의회에 성직자대표로 선출되었다.

한편 파리 대학 교양학부의 교수와 학생들은 프랑스 혁명의 첫 시위를 열광적으로 지지했다. 학생들은 바스티유 감옥을 함락시키는 것에 참여했다. 루이 16세가 국왕의 권력에 용감히 맞섰던 파리의 민중들과 화해하고 삼색기를 받기 위해 1789년 7월 17일에 파리 시청에 나타났을 때에도 파리 대학의 교수와 학생들은 그곳에 참석했다. 파리 대학은 혁명에 동조했다. 파리 대학인들은 7월 29일 총장의 지도를 받으면서 당시 국민의회를 주재했던 로쉬푸코 리앙쿠르 공의 안내로 국민의회에 출석했고, 8월 4일에는 앙시앙 레짐의 특권을 폐지하는데 대한 감사 의식인 '테테움, Te Deum'에 경의를 표명했다.

　그러나 루이 16세의 파리 귀환과 파리 민중들이 혁명에 대대적으로 참여한 10월 5일과 6일에 파리 대학은 성직자들과 전통을 고수한 학교들에 대해 적대감을 나타내는 민중들의 움직임에 당황했다. 특히 신학부의 몇몇 학생들은 자신들이 위협받고 있다고 생각하며 지방으로 떠났고, 파리의 대주교였던 쥐네는 외국으로 망명했다. 1789년 11월 2일 성직자 재산에 대한 국가의 처분권은 파리 대학과 그 구성원들에게 직접적으로 타격을 주었는데, 파리 대학과 그 구성원들은 이러한 결정에 따라 특권과 재산을 박탈당했다.

　종교적인 문제로 어려움을 당하기 전에 파리의 교수들과 학생들은 항상 열정적으로 혁명의 시위에 참여했다. 1790년 2월 4일 국민의회와 파리시 당국은 헌법에 대한 새로운 선서를 했으며 다음날 교수와 학생들은 생 즈네비에브 거리를 활보했고 국가, 법 그리고 국왕에 대한 충성을 맹세했다.

　5개월 후인 7월 14일에, 학생들은 또한 바스티유 감옥의 점령 기념일과 83개 도의 대표자들의 선서에 추진된 국민적 통합을 위한 연맹제에 참석했다. 행사 며칠 전부터 학생들은 파리 시민들과 함께 '연맹축제 la fête de la fédération'에 필요한 장식, 그리고 혁명과 국민적 화합을 준비하기 위한 현장으로 갔다. 이러한 것이 계기가 되어 1880년부터 매년 7월 14일에 프랑스 대혁명을 축하하는 국경일이 시작되었다.[29]

대학의 종말 – 파리 대학과 프랑스가 혁명적 합의에 도달한 것은 '연맹축제'에서였다. 그러나 1790년 12월 26일 루이 16세에 의해 승인된 국민의회의 법령이 프랑스의 모든 성직자들에게 시민법에 대해 선서하도록 강요했을 때, 파리 대학은 더 이상 존속할 수 없게 되었다. 파리 대학은 새로운 교회조직을 거부함으로써 법의 보호를 박탈당했고, 은연중에 반혁명과 구체제의 재건을 찬성하였다. 파리 대학의 이러한 태도는 대학 자체의 소멸을 초래하게 되었다.

한편 파리 대학장 뒤무첼은 '성직자 시민법'을 채택하고, 국민의회에서 그것의 대변자가 되었다. 그는 가르(Gare)지역의 선서주교로 선출되었으나, 1791년 초 파리 대학 신학부는 엄숙하게 시민법에 유죄를 선고했다. 신학부의 이러한 예는 교양학부의 교수단원들이 성직자 또는 속인이 되기 위한 선서에 상당한 영향력을 행사했다. 대학동업조합의 단일성을 보호하려는 그들 대다수는 차례차례 선서의 내용을 거부했다. 파리 대학 콜레주들에서 교육을 하며 얀세니즘의 영향을 받은 대부분의 교수들은 자신들의 지위를 상실하는 것이 걱정되었지만 선서의 내용을 받아들였다. 결국, 사람들은 이 기간에 대학이 유죄를 선고받았고, 모든 점에서 새로운 제도로 대체되어야 한다는 것을 알았다. 교수동업조합은 비선서 교수에게 뒤무첼 학장의 직무를 맡기려고 했다. 그러나 교수동업조합은 교회의 새로운 구조를 설치하기 원했던 공권력의 반대에 부딪치게 되었다.

국민의회는 1791년 3월 22일 파리 대학 학장 임명을 중단시키기로 결정했는데, 이때부터 파리 대학은 탄압의 대상이 되었다. 교양학부는 1792년 8월 13일까지 계속 통합된 상태에 있었고, 소르본 콜레주는 마침내 폐쇄되었다. 신학부는 이미 1790년 말 직무가 중단되었으며 왕은 신학부 교수와 성직자들에게 선서를 강요했다. 파리 대학은 다른 교육기관으로 대체될 수 없었다. 1791년 7월 14일 가결된 르 샤플리에(Le Chaplier)법안에 의해 조합제의 폐지와 더불어 교수동업조합도 해체되었으며, 1793년 의회의 결정에 의해 대학은 귀족주의에 물들어 있다는 이유로 문을 닫게 되었다. 이러한 조합제의 폐지와 혁명과업을 추진할 인재육성 간의 괴리에 의하여 심각한 갈등과 논쟁이 벌어졌다.

논쟁 결과 새로운 고등교육기관으로 그랑제콜이 탄생되었다. 이것은 후일 에콜 폴리테크니크가 될 중앙공공사업학교, 공예직업학교, 동양어학교, 미술학교, 자연사박물관, 사범학교, 군사학교 등이다. 그러나 자율적인 대학과 공교육위원회나 국민공회에 예속된 그랑제콜 간에는 많은 이념 차이가 있었다.

한편 직업교육의 성격을 띤 법학대학과 의학대학은 1793년까지 학위를 교부하였으나 파리 대학에서는 그 이전의 모습을 더 이상 찾을 수 없게 되었다. 그러나 혁명의회가 아직 그 임무를 대체할 수 있는 학교를 세우지 못해 나폴레옹이 '1806년 5월10법'으로 제국대학(Université impériale)을 세울 때까지 기다리게 되었다.[30]

주

1) Stephen C. Ferruolo, *The Origins of the University: The Schools of Paris and their critics,* 1100-1215(California: Stanford University Press, 1985), p.11.

2) Antoine Léon, *Histoire de L'Enseignement en France*: Que sais-je? no 392(Paris: P.U.F., 1977), p.18

3) Georges Duby, *Histoire de la France*(Paris: Librairie Larousse, 1999), pp.257-285.

4) Maurice Bayen, *Histoire des Universités*(Paris: P.U.F., 1973), p.11.

5) 원윤수·류진현, 『프랑스의 고등교육』(서울대학교 출판부, 2002), pp.19-20.

6) R.R. Palmer, *The School of the French Revolution: A documentary history of The College of Louis-Le-Grand and its director*, Jean-François Champagne(New Jersey: Priceton University Press, 1975), p.16.

7) Paul Gerbod, *La Vie Quotidienne dans les Lycées et Collèges au XIXe Siècle*(Paris: Hachette, 1968), p.7.

8) Claude·Lelièvre, *Histoire des Institutions Scolaires*(1789~1989)(Paris: Nathan, 1990), p.31.

9) H.C. Barnard, *The French Tradition in Education*(London: Cambridge Universiry Press, 1970), p.286.

10) Georges Duby, Robert Mandrou, *Histoire de la Civilisation fraçaise: Moyen Age-XVIe siècle*(Paris: Arman Colin, 1968), 김현일 옮김, 『프랑스 문명사 上』(까치, 1995), p.192.

11) http://www.newadvent.org/14149a 2-3tm.

12) H.L. Bouquet, *L'Ancien Collège d'Harcourt et Le Lycée Saint-Louis* (Paris: Typographie de MM. Delalain Fréres, 1801), p.4.

13) Maurice Bayen, *Histoire des Universités*(Paris: Presses Universitaires de France), p.14.

14) H.C. Barnard, *The French Tradition in Education*, p.8.

15) André Tuiliier, *L'Université de Paris, La Sorbonne et La Révolution* (Paris: Célébration du Bicentenaire de la Révolution Française en Sorbonne, juin-juillet, 1989), p.21.

16) 이광주, 『대학사』(민음사, 1997), pp.105-114.

17) André Tuiliier, *L'Université de Paris, La Sorbonne et La Révolution*, p.30.

18) A. Gieysztor, *A History of the University in Europe*(London: Cambridge University Press, 1992). pp.139-140. 이석우, 『대학의 역사』(한 길사, 1999), p.85 재인용.

19) 이석우, 『대학의 역사』, p.182.

20) Crevier, *Histoire de l'Université de Paris*, VI, p.39. cf. H.C. Barnard, *The French Tradition in Education*, p.15 재인용.

21) Alfred Franklin, *La Sorbonne, ses origines, sa bibliothèque; Les Débuts de L'Imprerie à Paris et la Succession de Richelieu*(Paris: Léon Willem, Libraire, 1875), pp.21-22.

22) Charles Lemenestrel, *L'Instruction en France: date-t-elle de la Révolution?* (Paris: Librairie Honoré Champion, 1912), pp.72-73.

23) Alfred Franklin, *La Sorbonne, ses origines, sa bibliothèque; Les Débuts de L'Imprerie à Paris et la Succession de Richelieu*, p.108.

24) R.R.Palmer, *The School of the French Revolution: A documentary history of The College of Louis-Le-Grand and its director*, Jean-François Champagne (New Jersey: Princeton University Press, 1975), p.287.

25). G. Lanson et P. Tuffrau, *Manuel Illustré d'Histoire de la Littérature Française*(Paris: Classiques Hachette, 1957), pp.180-181.

26) H.C. Barnard, *The Port-Royalists on Education*(London: Cambridge University Press, 1918), p.43.

27) Charles Rollin, *Opuscules de feu M. Rollin*, tome. 2, Paris, 1771, pp.240-241. cf. H. C. Barnard, *The French Tradition in Education*, p.197.

28) Bréchillet-Jourdain(Charles-Marie-Gabriel), *Histoire de l'Université de Paris au XVII et au XVIII Siècle*, Paris, 1866, p. 376. cf. H. C. Barnard, *The French Tradition in Education*, p.205.

29) André Tuilier, *L'Université de Paris, La Sorbonne et La Révolution*, p.73.

30) Marcel Launay, *L'Église et l'École en France, XIXe-XXe siècles*(Paris: Desclée, 1988), p.34.

소르본 대학 프랑스 지성의 산실

초판발행 2005년 4월 10일 | 2쇄발행 2005년 11월 10일
지은이 서정복
펴낸이 심만수 | 펴낸곳 (주)살림출판사
주소 413-756 경기도 파주시 교하읍 문발리 파주출판도시 522-2
출판등록 1989년 11월 1일 제9-210호
전화번호 영업·(031)955-1350   기획·(031)955-1370~2
        편집·(031)955-1362~3
팩스 (031)955-1355
e-mail salleem@chol.com
홈페이지 http://www.sallimbooks.com

ⓒ (주)살림출판사, 2005   ISBN 89-522-0360-7 04080
                        ISBN 89-522-0096-9 04080 (세트)

값 3,300원